하루 10분 명작 필사

부모와 아이가 함께 쓰는
하루 10분
명작 필사

김효정, 윤수영, 김미나
박민선, 박은선, 홍은채

KOREA.COM

들어가는 글
손으로 쓰고, 마음을 나누는
하루 10분의 기적

우연히 펼친 책 속에서 오래도록 마음에 남는 문장을 만나 본 적이 있나요? 짧은 한 줄의 문장이 마음을 두드리고, 나를 돌아보게 하며 세상을 조금 달리 바라보게 만들기도 합니다.

《부모와 아이가 함께 쓰는 하루 10분 명작 필사》는 그런 문장 하나로 부모와 자녀가 서로의 마음을 만날 수 있다면 얼마나 좋을까, 하는 작은 바람에서 시작되었습니다. 매일 한 편씩 101편의 명작을 소개하고, 그 안에 담긴 문장을 손으로 써 내려가며 서로의 생각과 감정을 나눌 수 있도록 엮어냈습니다. 부모와 아이가 함께하는 10분의 시간을 통해 가족의 일상이 조금 더 따뜻해지기를 바라는 마음도 담았습니다. 같은 문장을 쓰고, 같은 질문으로 이야기를 나누고, 서로의 마음을 들여다보는 10분이 부모와 아이 모두에게 선물 같은 시간이 되리라 생각합니다.

단순한 필사를 넘어, 마음을 나누는 시간

이 책은 단순히 문장을 따라 쓰는 것에서 그치지 않습니다. 명작에 대한 간단한 소개와 문장에 깃든 의미를 풀이해 주고, 자신의 생각을 정리해 표현할 수 있는 질문도 마련했습니다. 필사의 시간이

대화로 이어지고, 생각을 질문으로 이끌어 내며, 그 질문에 자신의 마음을 담아 표현하는 과정은 아이에게 글쓰기의 기초를 다지고 부모에게는 아이의 마음을 들여다보는 창이 됩니다. 더불어 부모도 자신의 경험과 생각을 되돌아보며 아이와 함께 성장해 가는 시간으로 안내합니다.

명작을 통해 배우는 삶의 가치

이 책은 101권의 명작들을 다섯 가지 주제로 분류하고, 그 안에서 삶의 본질을 따뜻하게 비추는 문장들을 가려뽑아 구성되었습니다. 문장을 통해 아이의 내면을 자극하고, 삶에서 꼭 필요한 가치들을 자연스럽게 익힐 수 있습니다.

1. 감성과 창조: 섬세한 감정과 풍부한 상상력을 기르고 마음을 표현하는 감수성을 키웁니다.
2. 관계와 배려: 사람과 사람 사이의 공감과 존중, 배려의 마음을 함께 생각합니다.
3. 인내와 성장: 어려움을 견디며 스스로를 단단하게 나서 가는 성장의 가치를 느낍니다.

4. 용기와 도전: 두려움을 마주하고 한 걸음 내딛는 용기를 배웁니다.
5. 지혜와 배움: 삶의 깊이를 더하는 성찰과 배움의 순간을 만납니다.

아이들이 이해하기 쉬우면서도 생각할 거리가 있고, 문학적인 여운이 깃든 문장들을 정성껏 담았습니다. 《어린 왕자》의 순수한 시선, 《소공녀》의 품위와 자존감, 《노인과 바다》의 의지, 《빨간 머리 앤》의 상상력처럼 삶의 소중한 가치를 품은 문장들을 부모와 자녀가 함께 느껴보기를 바랍니다.

하루 10분, 서로를 바라보는 시간

바쁜 하루의 끝에서 부모와 아이가 마주 앉아 손으로 쓴 문장 한 줄, 서로를 바라보며 나눈 대화 몇 마디가 아이의 마음에 오래도록 빛나는 등불처럼 남을지도 모릅니다. 이 책은 그 소중한 시간으로 안내합니다. 차곡차곡 쌓이는 문장과 대화의 순간들은 어느새 가족의 언어가 되고, 서로를 이해하고 아끼는 마음의 기록이

될 것입니다. 오직 서로의 목소리에 귀 기울이고 마음을 다정히 바라보는 10분으로 아이는 부모의 따뜻한 시선을 느끼고, 부모는 아이의 속마음을 발견하기를 기대합니다.

이렇게 활용해 보세요

1. 하루 한 문장을 함께 필사해요: 부모와 아이가 손글씨로 문장을 따라 써 보세요. 속도보다는 천천히 마음을 담아 쓰는 것이 더 중요합니다.
2. 작품과 문장의 배경을 함께 읽어요: 글의 맥락을 이해하면 감동이 더욱 깊어집니다.
3. 생각을 여는 질문으로 대화를 시작해요: 아이의 마음을 열 수 있는 질문과 대화 주제를 제안합니다. "너는 어떻게 생각해?"라는 한마디면 충분합니다.
4. 자신의 생각을 정리해요: 부모와 아이가 서로 질문에 답하며, 자신의 생각을 문장으로 표현해 보세요. 생각을 정리하는 습관은 글쓰기 감각을 키웁니다. 아울러 서로의 생각을 나누며 추억을 만듭니다.

CONTENTS

들어가는 글 손으로 쓰고, 마음을 나누는 하루 10분의 기적   4

Part 1. 감성과 창조

피터팬	14
미운 오리 새끼	16
모래요정과 다섯 아이들	18
폴리애나	20
빨간 머리 앤	22
에이번리의 앤	24
레드먼드의 앤	26
하이디	28
파랑새	30
메밀꽃 필 무렵	32
이상한 나라의 앨리스	34
거울 나라의 앨리스	36
비밀의 화원	38
크리스마스 캐럴	40
어린 왕자	42
봄봄	44
별	46
은하철도의 밤	48
지킬 박사와 하이드 씨	50
버드나무에 부는 바람	52

Part 2. 관계와 배려

사자소학	56
정글북	58
장화 신은 고양이	60
호두까기 인형	62
브레멘 음악대	64
소공자	66
인어공주	68
보물을 찾는 아이들	70
블랙 뷰티	72
크리스마스 선물	74
홍당무	76
행복한 왕자	78
동물농장	80
운수 좋은 날	82
웃는 남자	84
꿈을 찍는 사진관	86
사람은 무엇으로 사는가	88
바보 이반	90
걸리버 여행기	92
열국지	94
삼총사	96
벤허	98

맹자	100
프랑켄슈타인	102
파우스트	104

Part 3. 인내와 성장

키다리 아저씨	108
피노키오	110
알라딘과 요술 램프	112
기찻길의 아이들	114
서시	116
플랜더스의 개	118
마지막 잎새	120
허클베리 핀의 모험	122
벤저민 프랭클린 자서전	124
십이야	126
위대한 유산	128
데미안	130
모비 딕	132
레 미제라블	134
80일간의 세계 일주	136
햄릿	138
전쟁과 평화	140
소공녀	142

Part 4. 용기와 도전

잭과 콩나무	146
로빈 후드	148
꿀벌 마야의 모험	150
파브르 곤충기	152
엄마 찾아 삼만 리	154
보물섬	156
로빈슨 크루소	158
말괄량이 길들이기	160
톰 소여의 모험	162
노인과 바다	164
백범일지	166
돈키호테	168
바람과 함께 사라지다	170
인형의 집	172
부활	174
도련님	176
제인 에어	178
해저 2만 리	180

Part 5. 지혜와 배움

셜록 홈스의 모험	184
오즈의 마법사	186
채근담	188

논어	**190**
구운몽	**192**
왕자와 거지	**194**
삼국지연의	**196**
열하일기	**198**
목걸이	**200**
격몽요결	**202**
호질	**204**
명심보감	**206**
로미오와 줄리엣	**208**
1984년	**210**
오디세이	**212**
월든	**214**
괴테 동화	**216**
오만과 편견	**218**
소크라테스의 변명	**220**
잠언	**222**

*일러두기

1. 국립국어원의 한글맞춤법과 외래어표기법에 따라 표기하였습니다.
2. 도서명은 《 》로, 시나 소설 등의 작품명은 〈 〉로 표기하였습니다.
3. 저작권을 미처 확인하지 못한 작품이 있다면 추후 적법한 절차를 진행하겠습니다.

Part 1
감성과 창조

피터 팬

난 어른이 되고 싶지 않아. 왜냐하면 어른이 되면 상상도, 모험도 하지 않게 되니까. 어른이 되면 규칙과 숙제만 남고, 별과 바람, 인어는 잊게 될 거야.
나는 지금 이 순간을 계속 살고 싶어. 매일이 처음처럼 반짝이니까.

— 제임스 매슈 베리

《피터 팬》은 어른이 되기를 거부한 소년의 이야기예요. 피터 팬은 상상의 세계를 마음껏 날아다니며 모험을 즐겨요. 어른이 되면 해야 할 일이 많아지지만, 어린 시절의 호기심과 상상력은 언제든 마음속에서 꺼내 볼 수 있어요. 마음 가운데 반짝이는 기억들은, 우리가 필요할 때 다시 꺼낼 수 있는 소중한 보물이랍니다. 기억에 남는 상상 속 세계나, 꿈속 나라를 떠올려 보세요.

- **거부하다:** 요구나 제의를 받아들이지 않고 물리치다.

아이와 나누는 질문

나는 어떤 어른이 되고 싶나요?
부모님은 어릴 적 어떤 어른이 되고 싶었나요?

> **필사 문장**
>
> 나는 지금 이 순간을 계속 살고 싶어.
> 매일이 처음처럼 반짝이니까.

부모님이 따라 써요

아이가 따라 써요

미운 오리 새끼

아기 오리가 백조에게 말했어요. "어떻게 그렇게 아름답게 떠 있을 수 있어?" 우아하게 헤엄쳐 온 백조가 오리에게 말했어요. "너도 그렇게 할 수 있어." 오리는 물에 비친 자기 모습을 보았어요. "내가 아름다운 백조라니! 난 더 이상 미운 오리 새끼가 아니야."

―한스 크리스티안 안데르센

<미운 오리 새끼>는 생긴 모습이 달라서 차별을 받아 온 새끼 오리가, 사실은 아름다운 백조였다는 것을 알게 되는 이야기예요. 처음에는 남들과 달라서 속상했지만, 오리는 결국 자신의 진짜 모습을 찾게 되죠. 지금은 남들과 다를지라도 언젠가는 나만의 아름다움을 찾을 수 있어요. 비교하지 않고 나답게 자라는 것, 그건 아주 멋진 일이랍니다.

- **차별:** 생김새나 능력, 배경 등을 이유로 사람을 다르게 대하고 불공평하게 구별하는 것.

아이와 나누는 질문

나만의 특별함이 있다면 무엇일까요?
나의 특별함이 빛나는 순간은 언제인가요?

> **필사 문장**
>
> 어떻게 그렇게 아름답게 떠 있을 수 있어?
> 너도 그렇게 할 수 있어.
> 내가 아름다운 백조라니!
> 난 더 이상 미운 오리 새끼가 아니야.

부모님이 따라 써요

아이가 따라 써요

모래요정과 다섯 아이들

"소원으로 날개를 생기게 해달라고 하는 것은 멍청한 짓일까?"
"얘야, 나는 소원을 말하기 전에 충분히 잘 생각해 보고 소원을 빌라고 말해 줄 수밖에 없어."

―에디스 네스빗

《모래요정과 다섯 아이들》은 신비한 모래요정을 만나 하루에 한가지씩 소원을 이룰 수 있게 된 아이들의 이야기예요. 처음에는 신나고 재미있는 소원을 빌지만, 시간이 지날수록 아이들은 '이 소원이 정말 소중한 것일까?' 하고 생각하게 돼요. 무엇을 간절히 바라는 소원에는 그만큼 중요한 가치가 깃들어 있어요. 내 소원을 이룰 수 있다면, 그 소원이 어떤 결과를 가져올지 상상해 보세요.

- **소원:** 어떤 일이 이루어지기를 바람. 또는 그런 일.

🌱 아이와 나누는 질문

만약 오늘 딱 하나의 소원을 이룰 수 있다면,
어떤 소원을 꼽을 건가요?
그 소원을 고른 이유는 무엇인가요?

필사 문장

> 소원을 말하기 전에
> 충분히 잘 생각해 보고 소원을 빌어야 해.

부모님이 따라 써요

아이가 따라 써요

폴리애나

기뻐할 일을 찾다 보면 슬펐던 일은 점점 잊히곤 해요. 그렇게 기쁨을 찾는 일은 내 일상이 되었어요. 어떤 일이든 자세히 들여다보면 기뻐할 만한 점이 꼭 하나쯤은 있어요. 찾는 데 시간이 오래 걸리기도 하지만 결국에는 꼭 찾아낼 수 있어요.

―앨리너 호지먼 포터

《폴리애나》는 어떤 상황에서도 기뻐할 일을 찾으려 노력하는 사랑스러운 열한 살 소녀 폴리애나의 이야기예요. 소녀의 이런 태도는 자신은 물론 주변 사람들의 삶을 긍정적으로 변화시키는 힘이 되었어요. 기쁨은 저절로 찾아오는 것이 아니라 스스로 찾으려 할 때 비로소 보여요. 매일매일 일상에 깃든 작은 기쁨을 발견해 보세요.

- **일상:** 날마다 반복되는 생활.

⬇ 아이와 나누는 질문
요즘 일상에서 무엇이 가장 기쁘고 감사한가요?

> **필사 문장**
>
> 어떤 일이든 자세히 들여다보면
> 기뻐할 만한 점이 꼭 하나쯤은 있어요.
> 찾는 데 시간이 오래 걸리기도 하지만
> 결국에는 꼭 찾아낼 수 있어요.

부모님이 따라 써요

아이가 따라 써요

빨간 머리 앤

저는 어떤 일을 기다리는 일이 모든 즐거움의 절반은 된다고 봐요. 물론 기대한 대로 이루어지지 않을 수 있죠. 그래도 그 일을 기다리는 즐거움을 누구도 뺏을 수 없어요. 아무런 기대도 하지 않는 것보다 실망하더라도 기대하는 것이 더 낫다고 생각해요.

―루시 모드 몽고메리

《빨간 머리 앤》은 상상력이 풍부하고 삶에 대한 애정이 가득한 소녀 앤 셜리의 성장 과정을 따뜻하게 그려 낸 소설이에요. 이 문장은 앤이 세상을 얼마나 긍정적이고 설렘 가득한 눈으로 바라보는지 잘 보여 줘요. 기대하는 마음은 오늘을 더 빛나게 하고, 우리를 앞으로 나아가게 하는 힘을 줍니다.

🌱 아이와 나누는 질문

요즘 어떤 일을 설레며 기대하고 있나요?

필사 문장

> 저는 어떤 일을 기다리는 일이
> 모든 즐거움의 절반은 된다고 봐요.
> 아무런 기대도 하지 않는 것보다
> 실망하더라도 기대하는 것이 더 낫다고 생각해요.

부모님이 따라 써요

아이가 따라 써요

에이번리의 앤

가장 멋지고 즐거운 날은, 뭔가 굉장하거나 신나는 일이 일어난 날이 아니라, 평범하면서도 소소한 기쁨들이 이어지는 날이라고 봐.

―루시 모드 몽고메리

《에이번리의 앤》은 《빨간 머리 앤》의 시리즈 중 하나로, 성장한 앤이 학생들을 가르치는 선생님이 되어 살아가는 모습을 담고 있어요. 앤은 일상의 작은 일들에서 진정한 행복을 찾아요. 이 문장은 화려한 날보다 평범한 하루 속에서 감사와 감동을 발견하는 삶의 자세를 말해 줍니다.

🌱 아이와 나누는 질문

오늘 하루 중 내 마음을 미소 짓게 한 일은 무엇인가요?

필사 문장

"
가장 멋지고 즐거운 날은,
평범하면서도 소소한 기쁨들이
이어지는 날이라고 봐.
"

부모님이 따라 써요

아이가 따라 써요

레드먼드의 앤

나는 다이아몬드나 대리석 복도는 필요 없어. 너만 있으면 돼. 다이아몬드와 대리석 복도가 있으면 물론 좋겠지만, 그런 게 없으면 더 많이 상상할 수 있거든.

―루시 모드 몽고메리

《레드먼드의 앤》은 교사로 일하던 앤이 원래의 꿈을 찾아 대학에 진학한 이후의 이야기예요. 앤이 자아를 확립하고 사랑을 깊이 이해하게 되는 과정을 담고 있어요. 이 문장은 진정한 행복이 화려한 조건에서 오는 것이 아니라는 앤의 믿음을 표현하는 대사예요. 우리가 꼭 무언가를 가져야만 행복하지는 않아요. 때로는 부족함 속에서 더 많이 꿈꾸고 더 가까이 사랑할 수 있어요.

- **자아:** 자신에 대한 생각이나 느낌. 내가 누구인지, 어떤 사람인지에 대한 마음속의 모습.

아이와 나누는 질문
특별한 것이 없었지만 행복한 시간을 보냈던 적이 있나요?

필사 문장

> 나는 너만 있으면 돼.
> 다이아몬드와 대리석 복도가 있으면 물론 좋겠지만,
> 그런 게 없으면 더 많이 상상할 수 있거든.

부모님이 따라 써요

아이가 따라 써요

하이디

하이디는 낯익은 산봉우리들이 눈에 들어오자 가슴이 벅차올랐다. 그 산들이 오랜 친구처럼 하이디에게 '오랜만이야' 하고 인사를 건네는 것 같았다. 하이디는 수레에서 당장 뛰어내려 할아버지 집까지 한달음에 달려가고 싶을 만큼 온몸이 설렘으로 떨렸다.

― 요하나 슈피리

《하이디》는 아름다운 알프스 산속을 배경으로 그려지는 천진난만한 소녀 하이디의 이야기예요. 할아버지와 함께 사는 하이디는 산과 하늘, 햇살을 사랑했어요. 원치 않게 낯선 도시에서 지내게 되었을 때도, 아름다운 자연을 늘 그리워했지요. 이 장면은 하이디가 간절히 바라던 자연의 품으로 다시 돌아온 순간의 벅찬 감동을 담고 있어요. 하이디는 자연과 함께일 때 가장 빛나고 행복했답니다.

- **벅차오르다:** 큰 감격이나 기쁨으로 가슴이 몹시 뿌듯하여 오다.
- **한달음:** 도중에 쉬지 않고 한 번에 달려감.

🌱 아이와 나누는 질문

눈을 감으면 떠오르는 풍경이 있나요?
자연은 우리에게 어떤 힘을 주는지 생각해 보아요.

필사 문장

> 하이디는 낯익은 산봉우리들이 눈에 들어오자 가슴이 벅차올랐다. 그 산들이 오랜 친구처럼 하이디에게 '오랜만이야' 하고 인사를 건네는 것 같았다.

부모님이 따라 써요

아이가 따라 써요

파랑새

황금색 옷을 입은 친구는 '별을 바라보는 행복'이야. 진주로 온몸을 장식한 '빗방울의 행복'과, 꽁꽁 언 손으로 멋진 자줏빛 코트를 벗고 있는 '겨울 난로의 행복'도 있어. 어떤 집에서든 보려고만 하면 일요일 저녁 같은 즐거운 행복을 날마다 볼 수 있어.

─모리스 마테를링크

《파랑새》는 행복의 파랑새를 찾아다니는 남매 틸틸과 미틸의 이야기가 담긴 동화극이에요. 물질적인 풍요로움만이 행복을 가져다 주지 않아요. 우리가 생각하는 것보다 훨씬 많은 행복이 이미 우리에게 있답니다. 그 행복을 알아볼 수 있는 마음의 눈을 가져 보아요.

● **풍요로움:** 많아서 넉넉함.

아이와 나누는 질문

오늘 발견한 행복은 무엇인가요?

필사 문장

어떤 집에서든 보려고만 하면
일요일 저녁 같은 즐거운 행복을
날마다 볼 수 있어.

부모님이 따라 써요

아이가 따라 써요

메밀꽃 필 무렵

산허리는 온통 메밀밭이어서 피기 시작한 꽃이 소금을 뿌린 듯이 흐붓한 달빛에 숨이 막힐 지경이다.

─이효석

〈메밀꽃 필 무렵〉은 강원도 평창군 봉평면을 배경으로 장돌뱅이 허생원과, 그와 함께 다니는 어린 장돌뱅이 동이의 이야기를 담은 소설입니다. 이 작품에는 메밀꽃이 흐드러지게 핀 풍경이 마치 그림처럼 그려져 있어요. 이효석 작가는 자연 속에서 사람이 어떻게 살아가고, 어떤 감정을 품는지를 섬세하게 그려 냈지요. 무심코 지나칠 수 있는 풍경도 세심한 눈으로 바라보면, 창의력의 놀라운 영감이 된답니다.

- **산허리:** 산 둘레의 중턱.
- **흐붓하다:** 탐스러울 정도로 두툼하고 부드럽다 또는 양이 많다.
  (현재는 쓰지 않는 말)
- **장돌뱅이:** 여러 장으로 돌아다니면서 물건을 파는 장수.

🌱 아이와 나누는 질문

학교를 오가는 길에 보이는 풍경에서 유독 마음에 떠오르는 곳이 있나요?

필사 문장

> 산허리는 온통 메밀밭이어서 피기 시작한 꽃이 소금을 뿌린 듯이 흐붓한 달빛에 숨이 막힐 지경이다.

부모님이 따라 써요

아이가 따라 써요

이상한 나라의 앨리스

"내가 누군지 모르겠어. 아침에는 나였는데, 지금은 내가 아닌 것 같아."
앨리스는 커졌다가 작아졌다가 하면서 혼란스러웠지만, 마음속에서는 이상하게도 신나는 기분이 들었어요. 그건 마치 매일 다른 꿈을 꾸는 것처럼, 두근두근한 모험이었어요.

― 루이스 캐럴

《이상한 나라의 앨리스》는 호기심 많은 소녀 앨리스가 이상한 나라에 빠져, 크기도 변하고 생각도 바뀌는 특별한 모험을 떠나는 이야기예요. 앨리스는 혼란스럽고 낯선 상황 속에서도 점점 '진짜 나'를 찾아가요. 우리도 때때로 스스로가 낯설게 느껴질 때가 있어요. 좋아하는 게 달라졌거나, 마음이 예전과 다르다고 느껴질 때 말이에요. 하지만 그런 변화는 나를 알아가는 멋진 과정이랍니다.

- **혼란스럽다:** 보기에 뒤죽박죽이 되어 어지럽고 질서가 없는 데가 있다.

아이와 나누는 질문

요즘 뭔가 내 자신이 멋지거나 새롭게 느껴지는 부분이 있나요?

> 필사 문장

"내가 누군지 모르겠어. 아침에는 나였는데, 지금은 내가 아닌 것 같아."
그건 마치 매일 다른 꿈을 꾸는 것처럼, 두근두근한 모험이었어요.

부모님이 따라 써요

아이가 따라 써요

거울 나라의 앨리스

앨리스가 웃으며 말했다. "사람은 불가능한 것을 믿을 수 없어요."
그러자 여왕이 대답했다. "믿는 연습을 그다지 하지 않았구나. 내가 너만 했을 때는 하루에 삼십 분씩 연습했단다. 때때로 나는 아침 식사를 하기도 전에 불가능한 일을 여섯 가지나 믿어 보기도 했지."

―루이스 캐럴

《거울 나라의 앨리스》는 거울을 통해 또 다른 세계로 들어간 앨리스가 겪는 기묘하고 철학적인 여정을 담은 작품이에요. 거울 나라에서 만난 여왕은 앨리스에게 '불가능해 보여도 믿는 연습을 해 보라'고 말해요. 처음에는 불가능하다고 생각되는 일도 상상하고 믿는 마음이 자라면 어느새 멋진 아이디어가 될 수 있어요. 상상은 '할 수 있을까?'보다 '해 보면 어떨까?'에서 시작된답니다.

- **불가능:** 아무리 해보려고 해도 할 수 없는 일.

아이와 나누는 질문

안 된다고 여겨지던 일들이 상상한 대로 이루어진 적이 있나요? 혹은 불가능해 보이지만 나는 이루어진다고 믿는 것이 있나요?

필사 문장

> 믿는 연습을 그다지 하지 않았구나.
> 때때로 나는 아침 식사를 하기도 전에
> 불가능한 일을 여섯 가지나 믿어 보기도 했지.

부모님이 따라 써요

아이가 따라 써요

비밀의 화원

콜린이 말했다. "나는 실제로 내 다리가 잘못되었다고 생각하지 않아. 하지만 내 다리는 너무 가늘고 약해. 나는 두 다리로 일어서려는 시도조차 하지 않은 것 같아."
그러자 딕콘이 말했다. "두려워하지 않으면 일어설 수 있을 거예요. 그리고 도련님은 곧 두려워하지 않게 될 거고요."

— 프랜시스 호지슨 버넷

《비밀의 화원》은 주인공 메리와 콜린이 오래 닫혀 있던 비밀 정원에서 자연과 소통하며 마음의 상처를 치유하는 이야기입니다. 몸도 마음도 아팠던 콜린은 메리와 딕콘의 도움으로 정원에 가게 되고, 놀라운 자연의 생명력과 희망을 느끼며 변화를 다짐하죠. 마음속에 희망의 씨앗을 심는 것이 변화의 시작이랍니다.

❦ 아이와 나누는 질문
꼭 이루어졌으면 하는 '마법 같은 희망'이 있다면 무엇인가요?

필사 문장

> 두려워하지 않으면 일어설 수 있을 거예요.
> 그리고 곧 두려워하지 않게 될 거고요.

부모님이 따라 써요

아이가 따라 써요

크리스마스 캐럴

나는 깃털처럼 가볍고, 천사처럼 기쁘고, 학교 다니는 아이처럼 신나! 마치 술에 취한 사람처럼 어질어질할 정도야. 모두들 즐거운 크리스마스 보내요! 세상 모든 사람에게 행복한 새해가 오길 바라요! 야호! 거기 누구 없어요? 으하하!

―찰스 디킨스

《크리스마스 캐럴》은 차갑고 인색했던 스크루지가 사랑과 따뜻함을 깨닫고 다시 태어나는 이야기예요. 이 장면은 스크루지가 기쁨을 참지 못하고 웃고, 울며 외치는 모습이에요. 돈밖에 모르던 스크루지가 이제는 사람들과 행복을 나누고 싶어 해요. 진정한 기쁨을 만나면 누구나 다시 태어난 듯 새롭게 시작할 수 있어요.

● **인색하다:** 재물을 아끼는 태도가 몹시 지나치다.

아이와 나누는 질문

마지막으로 크게 소리 내 웃었던 적이 언제인가요?
기쁜 마음이 가득 차올랐던 적이 있다면 나누어 보세요.

필사 문장

> 나는 깃털처럼 가볍고, 천사처럼 기쁘고,
> 학교 다니는 아이처럼 신나!
> 모두들 즐거운 크리스마스 보내요!
> 세상 모든 사람에게 행복한 새해가 오길 바라요!

부모님이 따라 써요

아이가 따라 써요

어린 왕자

나는 사막을 사랑했다. 모래 언덕에 있으면 아무것도 보이지 않고 아무것도 들을 수 없다. 하지만 그 안에 사막을 아름답게 만드는 무언가가 있다.
어린 왕자가 말했다. "사막이 아름다운 건 어딘가에 우물을 숨기고 있어서야." 나는 어린 왕자에게 말했다. "그래, 집도 별도 사막도, 그것들을 아름답게 만드는 건 눈에 보이지 않는 것들이지."

―앙투안 드 생텍쥐페리

《어린 왕자》는 비행기 고장으로 사막에 불시착한 조종사가 지구로 여행 온 어린 왕자를 만나는 이야기입니다. 이 장면은 눈에 보이지 않는 것을 마음으로 보는 법을 알려 주고 있어요. 우리의 일상에도 보석처럼 소중한 것들이 숨어 있어요. 중요한 것은 소중한 것들을 발견하려는 마음이랍니다.

- **불시착**: 비행기가 고장이나 기상 악화 따위로 목적지에 이르기 전에 예정되지 않은 장소에 착륙함.

아이와 나누는 질문
평범해 보여도 나에게 특별하게 여겨지는 것은 무엇인가요?

필사 문장

> 사막이 아름다운 건
> 어딘가에 우물을 숨기고 있어서야.
> 집도 별도 사막도, 그것들을 아름답게 만드는 건
> 눈에 보이지 않는 것들이지.

부모님이 따라 쓰요

아이가 따라 쓰요

봄봄

바위틈에서 샘물 소리밖에 안 들리는 산골짜기니까 맑은 하늘의 봄볕은 이불 속같이 따스하고 꼭 꿈꾸는 것 같다. 나는 몸이 나른하고 몸살(을 아직 모르지만) 병이 나려고 그러는지 가슴이 울렁울렁하고 이랬다.

―김유정

<봄봄>은 순박한 시골 청년이 혼인을 기다리며 겪는 갈등을 우스꽝스럽게 풀어낸 소설이에요. 이 문장에서는 봄날 햇살 속에서 졸음이 올 만큼 포근한 산골짜기의 풍경이 생생하게 느껴져요. "봄볕은 이불 속같이 따스하고"처럼 느낌을 다른 사물에 빗대어 표현해 보세요. 그러면 나의 말과 글이 훨씬 더 생생하고 재미있게 느껴진답니다.

- **울렁울렁:** 너무 놀라거나 두려워서 가슴이 자꾸 두근거리는 모양.

아이와 나누는 질문

오늘의 날씨를 색깔이나 음식, 물건으로 표현해 보세요.

> **필사 문장**
>
> 맑은 하늘의 봄볕은
> 이불 속같이 따스하고 꼭 꿈꾸는 것 같다.

부모님이 따라 써요

아이가 따라 써요

별

나는 아가씨를 바라보고 또 바라보았다. 그리고 이런 생각이 머리를 스쳤다. 저 많은 별들 가운데 가장 아름답게 빛나는 별 하나가 길을 잃고 내 어깨에 기대어 잠들어 있구나.

―알퐁스 도데

<별>은 아가씨를 향한 목동의 순수한 사랑을 담은 짧은 이야기입니다. 밤하늘의 별을 바라보며 목동은 옆에 잠든 아가씨를 가장 아름답게 빛나는 별이라고 표현했어요. 우리가 누군가를 사랑하고 아껴 줄 때, 그 사람은 우리 마음속에서 별처럼 반짝이지요. 소중한 사람을 바라볼 때의 따뜻한 마음을 떠올려 보세요.

- **목동:** 가축을 기르는 아이.

아이와 나누는 질문

내 마음에서 별처럼 빛나는 소중한 사람은 누구인가요?

필사 문장

> 저 많은 별들 가운데
> 가장 아름답게 빛나는 별 하나가
> 길을 잃고 내 어깨에 기대어 잠들어 있구나.

부모님이 따라 써요

아이가 따라 써요

은하철도의 밤

어디선가 "은하 정류장, 은하 정류장" 하는 소리가 들려왔어요. 갑자기 눈앞이 환해졌어요.
정신을 차리고 보니 조반니는 어느새 덜컹거리는 객실에 앉아 있었습니다. 조반니는 야간 열차 안, 작고 노란 전등이 줄지어 매달린 객실에서 창밖을 바라보았습니다.

― 미야자와 겐지

《은하철도의 밤》은 가난하고 외로운 소년 조반니가 은하철도를 타고 우주를 여행하며 삶의 의미와 행복을 찾는 환상적인 동화예요. 이 장면은 조반니가 처음으로 일상에서 벗어나 새로운 세계를 경험하는 순간이에요. 조반니처럼 우리도 상상 속에서는 어디든 자유롭게 여행할 수 있어요. '상상'이야말로 세상에서 가장 멀리 갈 수 있는 기차표랍니다.

- **은하:** 천구 위에 구름 때 모양으로 길게 분포되어 있는 수많은 천체의 무리.

아이와 나누는 질문
마음속 기차를 타고 어디로 여행을 가고 싶나요?

> **필사 문장**
>
> 정신을 차리고 보니 조반니는 어느새 덜컹거리는 객실에 앉아 있었습니다.

부모님이 따라 써요

아이가 따라 써요

지킬 박사와 하이드 씨

인간은 사실 하나가 아니라 둘로 이루어져 있다.

— 로버트 루이스 스티븐슨

《지킬 박사와 하이드 씨》는 한 사람 안에 공존하는 선과 악을 그린 소설이에요. 지킬 박사는 사회적으로 존경받는 인물이지만, 그 안에는 하이드라는 파괴적인 모습도 숨어 있었어요. 이 문장은 겉으로 보이는 모습 말고도 또 다른 모습의 자신이 있다고 말합니다. 자신의 마음을 살피며, 스스로를 잘 돌보는 것이 중요하답니다.

- **공존:** 두 가지 이상의 사물이나 현상이 함께 있음.

🌱 아이와 나누는 질문

착한 마음과 나쁜 마음이 함께 들 때,
어떻게 하면 착한 마음이 이기도록 할 수 있을까요?

필사 문장

인간은 사실 하나가 아니라 둘로 이루어져 있다.

부모님이 따라 써요

아이가 따라 써요

버드나무에 부는 바람

강가는 반짝이고 번쩍이며 생기가 넘쳤고, 바스락거리고 빙빙 돌고 재잘거리며 보글거렸다. 두더지는 이 광경에 홀딱 반해서 마음을 빼앗겼다. 재미있는 이야기에 빠진 어린아이처럼 두더지는 강가를 맴돌며 걸었다. 그러다 피곤해져서 강둑에 앉았다. 강물은 계속 재잘거리며 세상에서 가장 멋진 이야기들을 들려주었다.

―케네스 그레이엄

《버드나무에 부는 바람》은 케네스 그레이엄이 아들에게 들려주던 이야기를 바탕으로 쓴 작품이에요. 작가는 눈이 잘 보이지 않는 아들에게, 강과 숲의 생생한 풍경을 마음으로 느끼게 하고 싶었죠. 이 책에 나오는 강은 단순한 자연이 아니라 마음이 쉬어 가는 곳, 언제나 돌아갈 수 있는 '마음의 고향' 같은 곳이에요. 나에게도 그런 장소가 있나요? 편안하고 포근한 마음이 드는 곳을 떠올려 보아요.

- **강가:** 강의 가장자리에 잇닿아 있는 땅. 또는 그 부근.
- **강둑:** 강물 옆에 높게 쌓인 땅.

아이와 나누는 질문

내 마음이 가장 편해지는,
또는 가장 머물고 싶은 공간은 어디인가요?

필사 문장

강가는 반짝이고 번쩍이며 생기가 넘쳤고, 바스락거리고 빙빙 돌고 재잘거리며 보글거렸다. 두더지는 이 광경에 홀딱 반해서 마음을 빼앗겼다.

부모님이 따라 써요

아이가 따라 써요

Part 2
관계와 배려

사자소학

아버지는 내 몸을 낳아 주셨고,
어머니는 내 몸을 길러 주신다.
父生我身(부생아신) 母鞠吾身(모국오신)

《사자소학》은 조선 시대에 어린이들에게 유교의 예절과 도리를 가르쳐 주기 위해 만든 책입니다. 이 책에는 효, 우애, 도덕, 예절 등에 대한 교훈이 실려 있어요. 부모님의 보살핌과 사랑이 없다면 우리는 건강하게 성장하기 어려워요. 나를 이 세상에 태어나게 해 주시고, 사랑으로 길러 주시는 부모님께 마음속 깊이 감사하는 마음을 간직해 봅시다.

- **효:** 부모님을 공경하고 잘 모시는 마음이나 행동.

아이와 나누는 질문
부모님의 사랑을 느꼈던 순간은 언제인가요?

필사 문장

> 아버지는 내 몸을 낳아 주셨고,
> 어머니는 내 몸을 길러 주신다.

부모님이 따라 써요

아이가 따라 써요

정글북

용감하고 예의도 바르구나. 그런 태도라면 정글 어디서라도 살아남을 수 있겠어.

　　　　　　　　　　　－조지프 러디어드 키플링

《정글북》은 정글에서 자란 소년 모글리의 이야기예요. 모글리는 동물들과 함께 지내면서 공존과 질서, 약자에 대한 보호, 자연과의 조화 등 정글 속 규칙을 배우며 성장해요. 정글에서는 서로 도와야 하고, 약한 친구를 보호해 주어야 해요. 이런 태도는 정글뿐만 아니라 우리가 함께 어울려 살아가는 데에도 꼭 필요하지 않을까요?

- **공존하다:** 서로 도와서 함께 존재하다.

아이와 나누는 질문

모글리처럼 사람들과 사이좋게 지내려면 어떤 노력이 필요할까요?

필사 문장

> 용감하고 예의도 바르구나.
> 그런 태도라면 정글 어디서라도
> 살아남을 수 있겠어.

부모님이 따라 써요

아이가 따라 써요

장화 신은 고양이

"주인님, 저에게 장화 한 켤레와 자루 하나만 주세요. 그러면 주인님께 좋은 일이 생길 거예요."
막내는 장화와 자루를 구해서 고양이에게 주었어요.

— 샤를 페로

<장화 신은 고양이>는 자신의 부탁을 들어준 막내아들을 위해 그 은혜를 갚으려고 재치를 발휘하는 고양이의 이야기입니다. 고양이의 가치를 알아보고 장화와 자루를 준 막내아들의 행동과, 그런 막내아들을 위해 고양이가 보여 주는 지혜로운 행동들이 흥미로워요. 나를 도와주는 좋은 친구가 있다면 나는 어떻게 행동해야 할지 생각해 보아요.

- **켤레 :** 신, 양말 등 두 개를 함께 세는 단위.

아이와 나누는 질문

친구가 내 부탁을 들어줄 때 기분이 어떠한가요?
나는 누군가의 부탁을 들어준 적이 있나요?

60

> **필사 문장**
>
> 저에게 장화 한 켤레와 자루 하나만 주세요.
> 그러면 주인님께 좋은 일이 생길 거예요.

부모님이 따라 써요

아이가 따라 써요

호두까기 인형

앞으로도 흉하게 생긴 불쌍한 호두까기 인형 편을 들면 험난한 일이 많이 닥칠 거야. 오직 너 한 사람만이 호두까기 인형을 구할 수 있어. 그러니 호두까기 인형을 향한 마음이 변하지 않도록 마음을 굳게 먹으렴.

─에른스트 테오도어 아마데우스 호프만

《호두까기 인형》의 주인공 마리는 크리스마스 선물로 받은 우스꽝스럽게 생긴 호두까기 인형을 좋아해요. 호두까기 인형은 생쥐 왕을 물리치러 마리와 함께 환상적인 모험을 떠납니다. 마리는 호두까기 인형을 선물해 준 드로셀마이어의 말을 듣고 인형의 겉모습이 아닌 마음을 보고 끝까지 친구가 되어 주지요. 우리도 내면의 가치를 알아보는 눈을 가져 봅시다.

🌱 아이와 나누는 질문

처음에는 낯설었는데, 점점 좋아진 사람이 있나요?

필사 문장

> 호두까기 인형을 향한 마음이 변하지 않도록 마음을 굳게 먹으렴.

부모님이 따라 써요

아이가 따라 써요

브레멘 음악대

당나귀가 앞발을 창문에 기대어 서고 개는 당나귀의 등 위에 뛰어올랐습니다. 고양이는 개 위에 기어올랐고 마지막으로 수탉은 날아서 고양이 위에 앉았습니다. 그리고 그들은 함께 음악을 만들기 시작했습니다.

―그림 형제

<브레멘 음악대>는 쓸모없다고 버려진 당나귀, 개, 고양이, 수탉이 브레멘을 향해 길을 떠나는 이야기입니다. 이 책은 아코프 그림과 빌헬름 그림이라는 형제가 함께 쓴 작품이에요. 동물들은 혼자가 아니기 때문에 의지하며 길을 떠나고, 함께이기에 무서운 강도의 집 안으로 뛰어들 수 있었어요. 여럿이 힘을 합치면 어려운 일도 해결해 나갈 수 있어요.

- **브레멘:** 독일의 항구 도시.

아이와 나누는 질문
혼자보다 누군가와 함께해서 좋았던 경험이 있나요?

필사 문장

그들은 함께 음악을 만들기 시작했습니다.

부모님이 따라 써요

아이가 따라 써요

소공자

무엇보다 늘 착하고 용기 있게 행동하렴. 친절하고 정직해야 해. 그러면 살면서 누구에게도 해를 끼치지 않을 거야. 너는 많은 사람에게 도움이 되고, 이 세상은 너로 인해서 더 좋아질 수 있단다.

―프랜시스 호지슨 버넷

《소공자》의 주인공 세드릭은 따뜻한 마음을 지닌 소년이에요. 그의 친절하고 다정한 마음씨가 차갑고 고집스러웠던 백작 할아버지의 마음을 조금씩 열게 만들죠. 세드릭이 전한 작은 친절과 배려는 주변 사람들에게 사랑을 전하고, 그들의 삶에 환한 빛을 밝혀요. 소소한 친절 하나가 누군가에게는 큰 감동이 되고, 세상을 아름답게 바꾸는 씨앗이 될 수 있답니다.

- **친절:** 상대를 정겹고 따뜻하게 대하는 태도.

아이와 나누는 질문

나의 작은 친절로 상대가 고마워했던 적이 있나요?
그때 내 마음은 어떠했나요?

필사 문장

늘 착하고 용기 있게 행동하렴.
친절하고 정직해야 해.
그러면 너는 많은 사람에게 도움이 되고,
이 세상은 너로 인해서 더 좋아질 수 있단다.

부모님이 따라 써요

아이가 따라 써요

인어공주

인어공주들은 바닷속에서 생활하다 열다섯 살이 되면 바다 위의 세상을 볼 기회가 생겨요. 처음 바다 위로 올라갔을 때는 자기만의 경험을 하며 신기해하고 감탄했지요. 그러나 이제 원할 때면 언제든지 바다 위를 구경할 수 있게 되니 가장 편하고 좋은 곳은 집이라는 것을 깨닫게 돼요.

—한스 크리스티안 안데르센

《인어공주》의 주인공 막내 인어공주는 바닷속에 살아요. 바다 밖의 세상을 동경하고 그리워하죠. 그러나 막상 바다 밖의 세상으로 나가게 되자 바닷속에서 가족들과 함께 살던 때를 그리워하며 행복했던 기억을 떠올려요. 항상 우리 곁에 있어서 우리가 미처 깨닫지 못했던 소중한 것들이 무엇인지 생각해 보아요.

- **경험:** 자신이 실제로 해 보거나 겪어 봄. 또는 거기서 얻은 지식이나 기능.

아이와 나누는 질문

나에게 집은 어떤 곳인가요?
집을 생각하면 어떤 느낌이 드나요?

필사 문장

> 이제 원할 때면 언제든지
> 바다 위를 구경할 수 있게 되니
> 가장 편하고 좋은 곳은
> 집이라는 것을 깨닫게 돼요.

부모님이 따라 써요

아이가 따라 써요

보물을 찾는 아이들

아이들은 여러 다양한 사건을 겪으며 보물을 찾아다녔지만, 가장 훌륭한 보물은 바로 착하고 친절한 아빠의 친구, 아저씨였어요.

―에디스 네스빗

《보물을 찾는 아이들》은 '배스터블'이라는 집안의 형제들이 보물을 찾아 나서는 이야기입니다. 집안 형편이 어려워지자 형제들은 보물을 찾아서 부자가 되고 싶었지요. 신문에 글을 싣기도 하고, 산적놀이로 돈을 벌기도 해요. 사업을 하려고 누군가를 만나 보기도 하죠. 그러다 아빠를 만나러 온 인디언 아저씨에게 맛있는 음식을 제공한 일을 계기로 보물 같은 인연을 맺게 됩니다. 가장 값진 보물은 좋은 사람 아닐까요?

🌱 아이와 나누는 질문

나에게는 누가 보물 같은 사람인가요?

> **필사 문장**
>
> 가장 훌륭한 보물은 바로
> 착하고 친절한 아빠의 친구, 아저씨였어요.

부모님이 따라 써요

아이가 따라 써요

블랙 뷰티

어떤 환경 속에서도 네가 할 수 있는 최선을 다하고 너의 평판도 잘 유지해야 해.

―애나 슈얼

《블랙 뷰티》는 '블랙 뷰티'라는 이름을 가진 말의 시선으로 인간 세상을 바라보며, 동물과 인간 사이의 존중과 배려와 책임감을 이야기해요. 말 '블랙 뷰티'가 어려운 상황에서도 자신의 품위를 지키고 최선을 다하며 살아가는 모습을 통해, 우리가 어떤 환경에 있든지 간에 자신의 명예와 평판을 스스로 책임져야 한다는 교훈을 전해요.

- **평판:** 세상 사람들의 평가.

아이와 나누는 질문
누가 보지 않아도 열심히 하거나 착하게 행동한 적이 있나요?

> **필사 문장**
>
> 어떤 환경 속에서도
> 네가 할 수 있는 최선을 다하고
> 너의 평판도 잘 유지해야 해.

부모님이 따라 써요

아이가 따라 써요

크리스마스 선물

선물을 마련한 그 누구를 봐도, 선물을 주고받는 이 세상 누구를 봐도, 이 부부보다 현명한 사람은 없을 것이다. 이들이야말로 동방박사들이기 때문이다.

— 오 헨리

<크리스마스 선물>은 자신이 가장 아끼는 것을 팔아서 서로에게 크리스마스 선물을 주는 어느 부부의 이야기가 담겨 있어요. 아내는 머리카락을 팔아서 남편의 시곗줄을 사고, 남편은 시계를 팔아 아내의 머리 장식을 사요. 준비한 선물은 쓸 수 없게 되었지만, 서로에게 가장 의미 있는 선물이 되었죠. 누군가에게 선물을 한다는 것은 어떤 마음일지 생각해 보아요.

- **현명하다:** 착하고 슬기롭다.
- **동방박사:** 예수가 탄생했을 때, 별을 보고 동쪽에서 찾아와 아기 예수에게 선물을 준 세 명의 사람들.

아이와 나누는 질문

선물을 받을 때보다 줄 때 더 행복하다고 느낀 적이 있나요?

> **필사 문장**
>
> 이 세상 누구를 봐도,
> 이 부부보다 현명한 사람은 없을 것이다.
> 이들이야말로 동방박사들이기 때문이다.

부모님이 따라 써요

아이가 따라 써요

홍당무

네가 말한 작가들도 너나 나와 똑같은 사람이었어. 그 사람들이 할 수 있다면 너도 할 수 있을 거야. 너도 글을 한번 써 봐. 그리고 그것을 읽으면 되잖니.

―쥘르나르

《홍당무》의 주인공은 머리카락이 빨갛고 얼굴이 주근깨투성이여서 '홍당무'라는 별명이 붙었어요. 엄마는 주인공을 홍당무라는 별명으로 부르고, 홍당무에게만 힘든 허드렛일을 시키죠. 형제들과 엄마에게 사랑받지 못한다고 생각한 홍당무는 자신과 가족을 사랑하는 방법을 알지 못해 괴로워해요. 이 문장은 멀리 떨어져 지내는 아버지가 보낸 편지의 내용이에요. 홍당무에게 이 문장은 힘이 되지 않았을까요?

- **고통**: 몸이나 마음의 괴로움과 아픔.

🌱 아이와 나누는 질문

내가 사랑받는다고 느낀 적이 있나요?
언제 그런 마음이 들었나요?

> **필사 문장**
>
> 네가 말한 작가들도 너나 나와 똑같은 사람이었어. 그 사람들이 할 수 있다면 너도 할 수 있을 거야. 너도 글을 한번 써 봐.

부모님이 따라 써요

아이가 따라 써요

행복한 왕자

제비는 왕자의 몸에서 금을 조각조각 떼어 냈습니다. 행복한 왕자는 초라한 잿빛이 되고 말았죠. 제비는 그 금 조각을 가난한 사람들에게 나누어 주었어요. 그러자 창백했던 아이들의 뺨은 장밋빛으로 빛나게 되었죠. "우리도 이제 빵을 먹을 수 있어."

—오스카 와일드

《행복한 왕자》는 궁전에서 행복하게 살던 왕자가 죽은 뒤 동상이 되어 마을을 내려다보며 비로소 다른 이들의 슬픔과 아픔을 바라보게 되는 이야기입니다. 이 문장은 가난으로 배가 고픈 아이들을 위해 자신의 몸에 있는 황금을 떼어다가 그들에게 전해 주게 한 왕자의 모습을 다루고 있어요. 왕자는 이전에는 빛나는 자신의 모습을 보고 행복해했지만, 이제는 자신의 희생을 통해 어려운 사람들이 다시 일어나는 모습에서 진정한 행복을 느끼게 됩니다.

- **창백하다:** 얼굴빛이나 살빛이 핏기가 없고 푸른 기가 돌 만큼 해쓱하다.

아이와 나누는 질문
이웃의 어려움을 잘 보려면 어떤 눈과 마음이 필요할까요?

필사 문장

> 제비는 그 금 조각을
> 가난한 사람들에게 나누어 주었어요.
> 그러자 창백했던 아이들의 뺨은
> 장밋빛으로 빛나게 되었죠.

부모님이 따라 써요

아이가 따라 써요

동물농장

모든 동물은 평등하다.
그러나 어떤 동물은 다른 동물보다 더 평등하다.
—조지 오웰

《동물농장》은 동물들이 인간의 억압에서 벗어나 자신들의 농장을 만들지만, 우두머리 돼지의 또 다른 억압에 지배당하게 되는 이야기예요. 겉보기에는 모두가 평등한 듯하지만, 누군가는 더 많은 권력을 갖게 되는 불공정한 사회의 현실을 날카롭게 보여주죠. 진정한 평등은 누구 하나 소외되지 않고 모두가 존중받는 상태여야 한답니다.

● **평등**: 차별 없이 똑같이 대우받는 상태.

아이와 나누는 질문
평등한 교실을 만들기 위해서 어떤 규칙을 세우면 좋을까요?

필사 문장

> 모든 동물은 평등하다.
> 그러나 어떤 동물은 다른 동물보다 더 평등하다.

부모님이 따라 써요

아이가 따라 써요

운수 좋은 날

설렁탕을 사다 놓았는데 왜 먹지를 못하니, 왜 먹지를 못하니…… 괴상하게도 오늘은! 운수가, 좋더니만…….

―현진건

<운수 좋은 날>은 인력거꾼 김 첨지가 우연히 일감이 많아져 모처럼 운수가 좋다고 느끼는 하루를 담고 있어요. 그는 아픈 아내를 위해 설렁탕을 사 들고 왔지만, 이미 아내는 세상을 떠난 뒤였지요. 겉으로 보면 '운수 놓은 날'이었지만, 정작 가장 소중한 사람을 잃은 날이었어요. 돈이나 성공보다 지금 내 곁에 있는 사람들이 더 중요함을 기억해요.

- **운수:** 운명이나 운, 사람의 힘으로는 바꾸기 어려운 하늘의 기운이나 흐름.
- **첨지:** 나이 많은 남자를 낮잡아 이르는 말.

아이와 나누는 질문

누군가에게 고맙거나 미안했던 마음을 나중에서야 깨달았던 적이 있나요?

> **필사 문장**
>
> 설렁탕을 사다 놓았는데 왜 먹지를 못하니……
> 괴상하게도 오늘은! 운수가, 좋더니만…….

부모님이 따라 써요

아이가 따라 써요

웃는 남자

데아가 눈이 멀지 않았다면 그윈플레인을 선택했을까? 그윈플레인의 얼굴이 망가지지 않았다면 데아를 좋아했을까? 그윈플레인의 얼굴이 망가진 것이, 데아가 맹인이라는 것이 서로에게 얼마나 다행이란 말인가. 둘의 사랑의 바탕에는 서로의 필요가 깔려 있었다.

— 빅토르 위고

《웃는 남자》는 어린이 매매단에 납치되어 얼굴에 웃음이 새겨져 기형적인 모습을 띠는 주인공 그윈플레인의 이야기입니다. 이 문장은 그윈플레인이 앞을 못 보는 소녀 데아를 만나 서로 사랑하게 된 모습을 설명합니다. 작가는 이를 두고 "서로가 서로를 구원했다"라고 표현해요. 나의 못난 모습까지도 사랑해 주는 나의 주변 사람들을 떠올려 보아요.

- **필요:** 반드시 요구되는 바가 있음.
- **구원:** 어려움이나 위험에 빠진 사람을 구하여 줌.

아이와 나누는 질문

나는 가족, 친구의 어떤 모습까지 사랑할 수 있나요?

필사 문장

> 둘의 사랑의 바탕에는 서로의 필요가 깔려 있었다.

부모님이 따라 써요

아이가 따라 써요

꿈을 찍는 사진관

당신도 곧 그리운 이를 만나는 꿈을 꾸십시오. 그리운 이의 꿈을 사진 찍어 드릴 테니……. (중략) 당신이 만나고 싶은 이와 지난날의 추억 한 토막을 써서, 그걸 가슴 속에 넣고 오늘 밤을 주무십시오. 내일 날이 밝으면, 당신은 지난 밤에 본 꿈과 똑같은 사진을 가지고 집으로 돌아갈 수가 있을 겁니다.

―강소천

《꿈을 찍는 사진관》의 주인공은 어렸을 때 헤어진 친구를 그리워하며, 꿈을 찍는 사진관을 방문하게 돼요. 꿈을 찍는 사진관 주인은 그리운 이와의 추억을 기억하는 방법을 알려 주고 도와줘요. 꿈 속에서 그리운 사람을 만난다면 얼마나 행복할까요?

- **추억:** 지나간 일을 돌이켜 생각함. 또는 그런 생각이나 일.

아이와 나누는 질문
꿈을 찍는 사진관을 방문한다면 무슨 꿈을 꾸고 싶나요?

> **필사 문장**
>
> 당신도 곧 그리운 이를 만나는 꿈을 꾸십시오.
> 그리운 이의 꿈을 사진 찍어 드릴 테니…….

부모님이 따라 써요

아이가 따라 써요

사람은 무엇으로 사는가

사람들은 자기가 자신을 걱정함으로 살아간다고 생각하지만, 사실은 사랑에 의해 살아가고 있음을 깨달았습니다. 사랑 가운데 사는 사람은 하나님 안에서 사는 것입니다. 하나님은 그 사람 안에 계십니다. 하나님은 사랑이시기 때문입니다.

―레프 니콜라예비치 톨스토이

<사람은 무엇으로 사는가>는 톨스토이가 살아갈 이유에 대해 고민하면서 깨달은 진실을 담은 작품이에요. 우리는 혼자 살아갈 수 없어요. 서로 도우면서 살아가야 한답니다. 돕는 마음에는 사랑이 있어요. 우리는 사랑 없이 살 수 없는 존재랍니다.

● **깨닫다:** 생각하거나 연구하여 알게 되다.

⬇ **아이와 나누는 질문**
　나는 지금 무엇을 가장 사랑하나요?

> **필사 문장**
>
> 사람은 사랑에 의해 살아가고 있음을 깨달았습니다.
> 사랑 가운데 사는 사람은
> 하나님 안에서 사는 것입니다.

부모님이 따라 써요

아이가 따라 써요

바보 이반

부모님은 이반을 불러 말했다. "너도 소문 들었지? 너에게 병을 고치는 나무뿌리가 있으니, 가서 공주님 병을 고쳐 드려라. 그럼 넌 평생 편하게 살 수 있어." "그렇게 하겠습니다." 이반은 곧 떠날 채비를 하고 막 문을 나서려는데, 손이 굽은 여자 거지가 앞을 가로막았다. "사람들이 그러는데 당신은 병을 잘 고친다면서요? 제발 저의 굽은 손을 펴 주세요." 이반은 선뜻 남은 뿌리를 내 주었다. 그 나무뿌리를 먹자, 여자는 금방 손을 마음대로 움직이게 되었다.

—레프 니콜라예비치 톨스토이

〈바보 이반〉의 주인공 이반은 세 형제 중 막내예요. 그는 자신이 가진 것을 아낌없이 내어 주며 그 안에서 기쁨을 느낄 줄 아는 사람이에요. 병을 고치는 나무뿌리를 여자 거지에게 선뜻 주어 여자 거지의 손을 낫도록 도와주죠. 진정한 선행이란 상대방에게 바라는 것 없이 나의 것을 흔쾌히 내어 주는 것이 아닐까요?

- **채비:** 어떤 일을 하기 위해 미리 준비하거나 갖추는 것.

⬇ 아이와 나누는 질문

친구나 가족에게 도움을 주고 기쁘고 행복했던 기억이 있나요?

필사 문장

이반은 선뜻 남은 뿌리를 내 주었다.
그 나무뿌리를 먹자,
여자는 금방 손을 마음대로 움직이게 되었다.

부모님이 따라 써요

아이가 따라 써요

걸리버 여행기

내가 이 주제에 대해 길게 이야기하는 이유는 나 자신이 살아가는 이 사회를 조금이라도 더 살 만한 곳으로 만들고 싶은 소망 때문이다.

―조너선 스위프트

《걸리버 여행기》는 여행가 걸리버가 항해 도중 폭풍우를 만나 이곳저곳을 떠돌면서 겪게 되는 환상적인 모험 이야기입니다. 그의 경험을 통해 우리 사회의 모습을 생각하게 되는 작품이지요. 넓은 세상을 경험하면서 서로의 다름을 이해하고 존중하는 더 큰 사람이 되어 보아요.

- **존중:** 귀하게 대함.

아이와 나누는 질문

서로 원하는 것이 다를 때는 어떻게 조율하는 것이 좋을까요?

필사 문장

나 자신이 살아가는 이 사회를
조금이라도 더 살 만한 곳으로 만들고 싶다.

부모님이 따라 써요

아이가 따라 써요

열국지

나를 낳아 주신 분은 부모님이지만, 나의 마음을 알아주고 나를 믿어 주는 사람은 오직 포숙아로구나!

—풍몽룡

《열국지》는 역사적 사실을 바탕으로 쓰인 중국 소설이에요. 이 문장은 춘추시대 인물 관중이 친구 포숙아를 떠올리며 한 말입니다. 관중은 어떤 상황에서도 자신을 믿어 주는 포숙아 덕분에 여러 어려움을 이겨 내고 큰 인물이 될 수 있었어요. 둘의 깊은 우정은 '관포지교(管鮑之交)'라는 말로 전해지며 진정한 우정의 상징이 되었죠. 내 마음을 알아주는 친구의 존재는 큰 용기와 힘을 준답니다.

- **관포지교:** 관중과 포숙아의 사귐이란 뜻으로, 우정이 아주 돈독한 친구 관계를 이르는 말.

아이와 나누는 질문

나를 진심으로 믿어 주고 알아준다고 생각되는 사람은 누구인가요?

필사 문장

> 나를 낳아 주신 분은 부모님이지만,
> 나의 마음을 알아주고 나를 믿어 주는 사람은
> 오직 포숙아로구나!

부모님이 따라 써요

아이가 따라 써요

삼총사

우리는 서로 한 몸 같은 사이야. '하나를 위한 모두이자, 모두를 위한 하나!'라는 마음으로 뭉친 사내들이지.

—알렉상드르 뒤마

《삼총사》는 다르타냥과 세 명의 근위병(총사)이 우정을 바탕으로 모험과 정의를 추구하는 내용을 담은 프랑스 소설이에요. 이 문장은 그들이 나누는 우정과 의리의 맹세를 나타내요. 개인보다 공동체를, 나보다 우리를 먼저 생각하는 정신은 진정한 동료애와 협력의 상징이 되어 지금까지 사랑받고 있어요.

- **의리:** 사람과의 관계에서 지켜야 할 바른 도리.

🌱 아이와 나누는 질문

우정과 의리를 위해 협동과 배려를 실천해 본 적이 있나요?

필사 문장

우리는 서로 한 몸 같은 사이야.
'하나를 위한 모두이자, 모두를 위한 하나!'라는 마음으로 뭉친 사내들이지.

부모님이 따라 써요

아이가 따라 써요

벤허

돈을 빼앗기고, 평안함도 없어지고, 희망이 사라지더라도 사랑은 그곳에 남아 있었다. 사랑은 신이다.

—루이스 월리스

《벤허》는 19세기 미국 소설로, 로마 제국 시대의 유다 벤허라는 청년이 겪은 시련과 성장의 이야기예요. 벤허는 가족을 파멸시킨 친구 메살라에게 복수하려 했지만, 분노보다 사랑과 용서를 선택했어요. 가장 괴롭고 힘든 순간에도 그를 지켜 준 사랑이야말로 신처럼 위대한 힘이라는 것을 깨달았죠. 우리가 살아갈 힘은 미움보다 사랑에서 나온다는 메시지를 전합니다.

- **사랑:** 어떤 사람이나 존재를 몹시 아끼고 귀중히 여기는 마음.
- **파멸:** 파괴되어 없어짐.

아이와 나누는 질문

미움보다 사랑을 택한 적이 있나요?
그때 내 마음은 어떠했나요?

필사 문장

희망이 사라지더라도
사랑은 그곳에 남아 있었다.
사랑은 신이다.

부모님이 따라 써요

아이가 따라 써요

맹자

사람의 본성이 선한 것은,
마치 물이 아래쪽으로 흘러가는 것과 같다.
선하지 않은 사람이 없고,
아래로 흐르지 않는 물이 없다.

―맹자

《맹자》는 중국의 사상가 맹자의 말을 기록한 책이에요. 맹자는 모든 사람이 선한 마음을 가지고 있다고 말했어요. 누군가를 도와주려는 착한 마음, 다른 사람을 먼저 배려하는 마음처럼 말이지요. 물이 위에서 아래로 흐르듯, 사람의 마음이 선한 것도 자연스러운 일이에요. 우리 모두 선한 마음을 키우고 실천한다면, 세상은 더욱 따뜻해질 거예요.

- **본성**: 사람이 본디부터 가진 성질.

아이와 나누는 질문

다른 사람을 배려했던 경험이나, 배려를 받은 적이 있나요?

필사 문장

사람의 본성이 선한 것은,
마치 물이 아래쪽으로 흘러가는 것과 같다.
선하지 않은 사람이 없고,
아래로 흐르지 않는 물이 없다.

부모님이 따라 써요

아이가 따라 써요

프랑켄슈타인

나는 친구가 없어, 내가 성공으로 들떠 있을 때 기쁨을 나누고, 좌절에 빠졌을 때 나를 일으켜 세워 줄 사람 말이야.
감정을 나눌 친구가 한 명 있었으면 좋겠어. 두 눈으로 내게 답을 해 주는 그런 친구.

—메리 울스턴크래프트 셸리

《프랑켄슈타인》은 공상과학소설이에요. 이 책의 화자인 로버트 월튼이 북극 탐험을 나서면서 여동생에게 보낸 편지를 모아놓은 형식으로 쓰여 있어요. 월튼은 이 편지에서 자기가 구출한 빅터 프랑켄슈타인이라는 과학자에게서 들은 이야기를 전합니다. 프랑켄슈타인이 괴물을 만들었는데 이 괴물이 온갖 악행을 저질렀다는 것이죠. 이 문장은 월튼이 먼 곳으로 떠나면서 자신의 마음을 알아주는 친구가 필요하다는 메시지를 동생에게 전하는 내용입니다. 프랑켄슈타인이 만든 괴물도 친구, 가족과 같은 대상을 바랐던 것과 연결되는 내용이기도 합니다.

- **친구:** 가깝게 오래 사귄 사람.

아이와 나누는 질문
지금 나와 가장 가까운 친구는 어떤 계기로 친해졌나요?

> **필사 문장**
>
> 감정을 나눌 친구가 한 명 있었으면 좋겠어.
> 두 눈으로 내게 답을 해 주는 그런 친구.

부모님이 따라 써요

아이가 따라 써요

파우스트

나는 자유로운 땅에서 자유로운 사람들과 더불어 살고 싶다. 그런 순간을 맞는다면 나는 이렇게 말하리라.
"멈추어라, 너는 정말 아름답구나!"

—요한 볼프강 폰 괴테

《파우스트》는 평생 쾌락, 권력, 지식 등을 좇았던 파우스트라는 사람의 이야기를 담은 희곡이에요. 그는 세속적인 욕망으로는 만족하지 못했어요. 그런데 삶의 마지막에 사람들이 함께 살아가는 모습을 상상하며 처음이자 마지막으로 더 이상 바랄 것이 없는 만족스러운 순간을 맞이해요. 인간의 욕망은 끝이 없지만, 진정한 행복은 누군가를 위한 삶 속에서 비로소 찾을 수 있음을 전합니다.

- **희곡:** 연극의 대본. 등장 인물들의 행동이나 대화로 표현하는 예술 작품.
- **욕망:** 부족을 느껴 무엇을 가지거나 누리고자 탐함.

🌱 아이와 나누는 질문

많이 가지는 것과 마음이 채워지는 것은 어떻게 다를까요?
나는 언제 가장 만족감을 느끼나요?

필사 문장

자유로운 땅에서 자유로운 사람들과
더불어 살고 싶다.
그런 순간을 맞는다면 나는 이렇게 말하리라.
"멈추어라, 너는 정말 아름답구나!"

부모님이 따라 써요

아이가 따라 써요

Part 3
인내와 성장

키다리 아저씨

나는 내 인생이 마음에 들어요. 내가 누군지도 모르지만, 키다리 아저씨가 내 곁에 있다는 게 든든하고 행복해요. 이제는 슬퍼도 울지 않고, 힘들어도 참고, 혼자서도 해낼 수 있어요.
언젠가는 나도 누군가에게 키다리 아저씨 같은 사람이 되고 싶어요.

―진 웹스터

《키다리 아저씨》는 이름도 얼굴도 모르는 '키다리 아저씨'의 도움을 받으며, 주인공 주디가 성장해 나가는 이야기예요. 처음에는 외롭고 우울해하던 주디는 키다리 아저씨의 꾸준한 관심과 응원을 받으며 점점 단단한 사람으로 자라나요. 받은 사랑을 또 다른 사랑으로 이어가는 것은 가장 아름다운 성장일 거예요.

- **성장:** 사람이나 동식물이 자라서 점점 커짐.

아이와 나누는 질문

내 삶에 키다리 아저씨처럼 힘이 되어 준 사람이 있나요?

> **필사 문장**
>
> 이제는 슬퍼도 울지 않고, 힘들어도 참고,
> 혼자서도 해낼 수 있어요.
> 언젠가는 나도 누군가에게
> 키다리 아저씨 같은 사람이 되고 싶어요.

부모님이 따라 써요

아이가 따라 써요

피노키오

"제가 잘못했어요. 이제는 달라질게요. 진짜 좋은 아이가 되고 싶어요."
제페토 할아버지는 미소 지으며 피노키오를 꼭 안아 주었어요. 그 순간, 피노키오의 나무 팔이 부드러운 진짜 팔로 바뀌기 시작했어요. 거짓말을 멈추고 진심을 말하자, 마법처럼 모든 게 변하기 시작했어요.

―카를로 콜로디

《피노키오》는 거짓말을 하던 나무 인형 피노키오가 진심을 배우고, 진짜 아이가 되어 가는 이야기예요. 실수도 하고, 잘못된 길로 가기도 하지만, 피노키오는 용기 내어 "달라질게요"라고 말했어요. 그 순간, 진심은 마법처럼 마음과 몸을 바꾸었지요. 우리도 실수할 수 있어요. 하지만 마음을 다해 "미안해요, 다시 해볼게요"라고 말해 보는 건 어떨까요?

- **진심:** 거짓이 없는 참된 마음

아이와 나누는 질문
실수했을 때 용기를 내어 솔직하게 용서를 구한 적이 있나요?

> **필사 문장**
>
> 거짓말을 멈추고 진심을 말하자,
> 마법처럼 모든 게 변하기 시작했어요.

부모님이 따라 써요

아이가 따라 써요

알라딘과 요술 램프

알라딘은 더는 겉모습을 바꾸는 소원을 빌지 않았어요. 그는 조용히 램프를 들어 올리며 말했어요.
"지니, 이제 너도 자유로워지길 바란다."
지니는 놀라움과 기쁨이 가득한 얼굴로 알라딘을 바라보았습니다. 알라딘은 진실한 마음으로 친구의 행복을 바랐어요.

—앙투안 갈랑 (편저)

<알라딘과 요술 램프>는 알라딘과 요술 램프의 요정 지니의 모험 이야기예요. 알라딘은 처음에는 자신의 겉모습을 바꾸는 소원을 말하지만 결국 자신의 진정한 모습을 받아들이고, 지니의 자유를 소원으로 말해요. 우정의 가치를 배우며 내면의 성장을 이루는 알라딘이 됩니다.

- **가치:** 지니고 있는 쓸모

아이와 나누는 질문

누군가를 위해 내 바람을 양보했던 경험이 있나요?

> **필사 문장**
>
> 알라딘은 진실한 마음으로 친구의 행복을 바랐어요.

부모님이 따라 써요

아이가 따라 써요

기찻길의 아이들

모든 것에는 끝이 있다. 그리고 계속 가기만 하면 그곳에 다다를 수 있다.

—에디스 네스빗

《기찻길의 아이들》은 갑작스레 만난 가난 속에서도 서로를 의지하며 살아가는 세 남매의 이야기를 담고 있어요. 세 남매는 여러 어려움을 겪으면서도 희망을 잃지 않고 버텨내요. 이 문장은 힘든 시간도 언젠가는 끝이 나고, 포기하지 않고 나아가면 결국 빛나는 순간에 도달할 수 있다는 희망을 전해요.

- **다다르다:** 목적지에 도착하다.

아이와 나누는 질문

힘든 일을 포기하지 않고 끝까지 해낸 적이 있나요?

필사 문장

> 모든 것에는 끝이 있다.
> 그리고 계속 가기만 하면
> 그곳에 다다를 수 있다.

부모님이 따라 써요

아이가 따라 써요

서시

죽는 날까지 하늘을 우러러 한 점 부끄럼이 없기를, 잎새에 이는 바람에도 나는 괴로워했다. 별을 노래하는 마음으로 모든 죽어 가는 것을 사랑해야지. 그리고 나한테 주어진 길을 걸어가야겠다.
오늘 밤에도 별이 바람에 스치운다.

— 윤동주

윤동주 시인은 일제의 탄압 속에서 살았어요. 한국어 사용이 금지된 시대에 한글로 시를 지어 체포되기도 했죠. <서시>는 슬픈 시대 상황에도 부끄럽지 않게, 떳떳하게 살고 싶다는 시인의 마음을 담고 있어요. 어려운 상황 속에도 바르게 살아가고자 하는 마음이 삶을 별처럼 빛나게 했답니다.

- **우러르다:** ① 위를 향하여 고개를 정중히 쳐들다.
  ② 마음속으로 공경하여 떠받들다.

아이와 나누는 질문

최근에 나 자신이 부끄럽게 느껴진 적이 있나요?

필사 문장

죽는 날까지 하늘을 우러러
한 점 부끄럼이 없기를,
잎새에 이는 바람에도 나는 괴로워했다.

부모님이 따라 써요

아이가 따라 써요

플랜더스의 개

할아버지와 넬로는 너무나 가난해서 가진 게 아무것도 없었어요. 하루종일 굶는 날이 많았죠. 할아버지와 넬로에게 먹을거리가 넉넉했다면 천국에 있는 것 같았을 거예요.
그렇게 어려워도 할아버지와 넬로는 딱딱한 빵 한 조각, 양배추 몇 잎에도 만족했습니다. 더 많이 바라거나 욕심내지 않았어요. 파트라슈가 늘 곁에 있어주기만 바랄 뿐이었습니다.

―위다

《플랜더스의 개》는 넬로와 할아버지가 가진 것은 거의 없었지만, 작은 것에도 감사하며 살아가는 이야기예요. 서로 곁에 있다는 사실 만으로 위로가 되었고, 충직한 강아지 파트라슈의 존재가 큰 힘이 되었지요. 행복은 조건이 아니라 마음에서 비롯돼요. 넉넉하지 않아도 감사할 줄 아는 마음이 있다면, 삶은 충분히 따뜻해질 거예요.

⬇ 아이와 나누는 질문
내게도 곁에 있으면 힘이 되는 사람이 있나요?

필사 문장

> 할아버지와 넬로는 욕심내지 않았어요.
> 파트라슈가 늘 곁에 있어 주기만
> 바랄 뿐이었습니다.

부모님이 따라 써요

아이가 따라 써요

마지막 잎새

저 담벼락에 붙어 있는 마지막 잎새 좀 봐. 바람이 부는데도 전혀 흔들리지 않는 게 이상하지 않니? 저건 바로 베어먼 할아버지의 걸작이야. 마지막 잎사귀가 떨어진 날 밤에 할아버지가 저 자리에 그려 놓으셨던 거야.

―오 헨리

〈마지막 잎새〉는 병상에서 절망에 빠진 소녀 존시를 위해 화가 베어먼이 목숨을 걸고 마지막 잎사귀를 그려 넣은 이야기예요. 바람에도 흔들리지 않는 그 잎은 누군가를 위한 헌신의 상징이 되었어요. 비바람에도 떨어지지 않은 '마지막 잎새'는 삶을 포기하지 말라는 작은 응원이었어요.

- **걸작:** 매우 훌륭한 작품.

아이와 나누는 질문
나에게 어떤 행동을 계속하게 하는 힘은 무엇인가요?

필사 문장

> 저건 바로 베어먼 할아버지의 걸작이야.
> 마지막 잎사귀가 떨어진 날 밤에
> 할아버지가 저 자리에 그려 놓으셨던 거야.

부모님이 따라 써요

아이가 따라 써요

허클베리 핀의 모험

외로운 기분이 들었다. 그래서 강가에 가서 거센 물살 소리를 듣고, 별들의 개수를 세고, 떠내려오는 통나무들의 개수를 셌다. 그런 뒤에야 자러 갈 수 있었다. 외로울 때는 이 방법이 최고다. 계속 이러고 있을 수 없으니 이겨내야 한다.

—마크 트웨인

《허클베리 핀의 모험》은 소년 허크가 흑인 노예 짐과 함께 떠나는 여정을 통해 사회의 모순에 대해 이야기해요. 이 문장은 허크가 외로움을 느낄 때마다 어떻게 자신을 다독이는지 보여 줍니다. 자연 속에서 외로움을 견디는 모습은 우리에게도 혼자 있는 시간을 따뜻하게 보내는 방법을 알려 줍니다.

- **물살:** 물이 흐르는 힘.

아이와 나누는 질문

외롭다고 느껴질 때 어떻게 내 마음을 달래면 좋을까요?

> **필사 문장**
>
> 외로운 기분이 들었다.
> 그래서 강가에 가서 거센 물살 소리를 듣고,
> 떠내려오는 통나무들의 개수를 셌다.
> 계속 이러고 있을 수 없으니 이겨내야 한다.

부모님이 따라 써요

아이가 따라 써요

벤저민 프랭클린 자서전

나는 이 모든 덕목을 습관으로 만들고자 했기 때문에, 한꺼번에 모두를 실천하려고 해서 집중력을 흐트러뜨리기보다는, 하나씩 차례대로 집중하는 것이 좋겠다고 판단했다. 그래서 먼저 하나의 덕목을 완전히 익힌 뒤에, 다음 덕목으로 넘어가기로 했다.

—벤저민 프랭클린

《벤저민 프랭클린 자서전》은 프랭클린이 자신의 삶과 자신이 깨달은 바를 정리해서 쓴 책이에요. 프랭클린은 자신에게 필요한 '13가지 덕목'(절제, 절약, 성실, 청결 등)을 정하고, 그것들을 습관으로 만들기 위해 노력했어요. 모든 덕목을 한꺼번에 실천하기는 쉽지 않으니, 하나씩 집중해서 익히는 방법을 택했지요. 이렇게 좋은 습관을 차근차근 쌓아가다 보면, 어느새 스스로 바라던 모습에 더 가까워집니다.

- **덕목:** 사람이 바르게 살아가기 위해 갖추어야 할 좋은 마음가짐이나 태도

아이와 나누는 질문

갖고 싶은 좋은 습관이 있다면, 그 습관을 만들기 위해 지금 할 수 있는 작은 실천은 무엇일까요?

> **필사 문장**
>
> 하나씩 차례대로 집중하는 것이 좋겠다고 판단했다.
> 하나의 덕목을 완전히 익힌 뒤에, 다음 덕목으로 넘어가기로 했다.

부모님이 따라 써요

아이가 따라 써요

십이야

어떤 사람은 훌륭하게 태어나고, 어떤 사람은 노력해서 훌륭함을 달성하고, 또 어떤 사람은 훌륭함을 떠맡게 된다.

―윌리엄 셰익스피어

《십이야》는 셰익스피어가 쓴 5대 희극 중 하나예요. '십이야(十二夜)'는 '열두 번째 밤'이라는 뜻입니다. 이 문장은 훌륭함에 이르는 세 가지 길을 이야기해요. 우리 모두가 훌륭한 사람이 될 수 있는 가능성이 있음을 알려 줍니다. 우리는 저마다의 길에서 멋진 존재가 될 수 있답니다.

- **떠맡다**: 넘겨받다.

아이와 나누는 질문
내가 닮고 싶은 훌륭한 사람의 모습이 있나요?

필사 문장

> 어떤 사람은 훌륭하게 태어나고,
> 어떤 사람은 노력해서 훌륭함을 달성하고,
> 또 어떤 사람은 훌륭함을 떠맡게 된다.

부모님이 따라 써요

아이가 따라 써요

위대한 유산

세상의 어떤 사기꾼도 자기 자신을 속이는 사기꾼에 비하면 아무것도 아니다.

―찰스 디킨스

《위대한 유산》은 주인공 핍이 부와 신분, 사랑을 좇다가 실망과 좌절을 겪고, 자신을 돌아보며 조금씩 성장해 가는 이야기예요. 이 문장은 다른 사람을 속이는 것보다 더 큰 위험은 자신의 마음을 속이고 외면하는 것이라는 메시지를 전해요. 자신의 마음을 솔직하게 마주하기란 쉽지 않지만, 그런 용기에서 진짜 성장이 시작됩니다.

- **사기꾼**: 나쁜 계획으로 남을 속이는 사람.

🌱 아이와 나누는 질문

내가 내 마음을 속인다는 것은 어떤 의미일까요? 그런 경험이 있나요?

필사 문장

> 세상의 어떤 사기꾼도
> 자기 자신을 속이는 사기꾼에 비하면
> 아무것도 아니다.

부모님이 따라 써요

아이가 따라 써요

데미안

데미안은 쉬는 시간에 책에 꽂혀 있는 쪽지를 하나 발견해요. 누가 썼는지 알 수 없었지만, 그 쪽지에는 이렇게 쓰여 있었죠.
"새는 알에서 나오려고 투쟁한다. 알은 세계이다. 태어나려는 자는 하나의 세계를 깨뜨려야 한다."

─헤르만 헤세

《데미안》은 주인공 싱클레어가 데미안을 만나고 자신을 찾아가는 과정을 담은 성장소설이에요. 알을 깨고 나오는 새와 같이 나의 성장은 나를 둘러싼 틀을 깨고 나와 새로운 세상을 만나는 거예요. 우리도 살아가면서 자신을 가두는 틀이나 두려움을 깨뜨리며 더 넓은 세상을 만나고는 한답니다.

- **투쟁:** 어떤 대상을 이기거나 극복하기 위한 싸움.

아이와 나누는 질문

엄마아빠는 어떤 어른이 되고 싶었나요?
그 꿈을 이루기 위해 어떤 틀을 깨고 나왔나요?

> **필사 문장**
>
> 태어나려는 자는
> 하나의 세계를 깨뜨려야 한다.

부모님이 따라 써요

아이가 따라 써요

모비 딕

나는 소용돌이치는 노르웨이 앞바다를 돌아서라도 녀석을 쫓아갈 것이다. 그전에는 포기할 수 없다. 이것이야말로 자네들이 이 배에 오른 이유다.

—허먼 멜빌

《모비 딕》은 깊고 거센 바다를 배경으로, 인간과 고래 사이의 치열한 대결을 그린 이야기예요. 선장 에이헤브는 흰고래 '모비 딕'을 향한 집념으로 바다를 헤매며, 절대 물러서지 않겠다고 다짐하지요. 이 문장은 목표를 향한 끈질긴 의지와 포기하지 않는 집념을 보여 줍니다.

- **소용돌이**: 물이 빙빙 돌면서 흐르는 현상.

아이와 나누는 질문
지금 내가 포기하지 않고 계속 도전하는 일은 무엇인가요?

필사 문장

> 나는 소용돌이치는 노르웨이 앞바다를 돌아서라도 녀석을 쫓아갈 것이다. 그전에는 포기할 수 없다.

부모님이 따라 써요

아이가 따라 써요

레 미제라블

신께 감사드린다. 부자들에게도 없는 소중한 두 가지 재산을 주심에. 그것은 그에게 자유를 주는 '노동'과, 품격을 높이는 '생각'이다. 바로 이러한 변화가 마리우스 안에서 일어났다.

―빅토르 위고

《레 미제라블》은 가난과 슬픔 속에서도 인간의 존엄성과 희망을 지켜낸 사람들의 이야기예요. 그중 마리우스는 원래 부잣집 아들이었지만, 가난하게 살면서 깨달았어요. 삶에서 중요한 건 돈이나 지위보다 '땀 흘려 일하는 것'과 '생각하며 살아가는 힘'이라는 것을요. 이 두 가지가 '내 삶의 진짜 재산'이 될 수 있어요.

- **노동:** 몸을 움직여 일을 함.
- **존엄성:** 스스로를 당당하게 여기고 존중하는 태도.

아이와 나누는 질문

노동과 생각이 어떻게 돈보다 더 소중한 가치가 될 수 있을까요?

필사 문장

> 신께 감사드린다. 부자들에게도 없는 소중한 두 가지 재산을 주심에. 그것은 그에게 자유를 주는 '노동'과, 품격을 높이는 '생각'이다.

부모님이 따라 써요

아이가 따라 써요

80일간의 세계 일주

"우리는 해낼 수 있어요. 아직 시간이 있어요!"
파스파르투는 숨을 헐떡이며 말했어요. 포그는 고개를 끄덕였어요.
"좋아. 마지막 순간까지 포기하지 말자."
그들의 눈빛에는 큰 믿음과 끈기가 담겨 있었어요. 실패일지도 모르지만, 멈추지 않았어요.

—쥘 베른

《80일간의 세계 일주》는 포그와 파스파르투가 세상을 돌며 시간과 싸우는 모험 이야기예요. 중간에 어려움이 많았지만, 그들은 서로를 믿고 끝까지 포기하지 않았어요. 때로는 해낼 수 없을지 몰라도, 끝까지 해보는 것 자체가 멋진 일이에요. 성공보다 더 큰 가치는 포기하지 않는 마음일지도 몰라요.

- **포기:** 하려던 일을 도중에 그만두어 버림.

아이와 나누는 질문
포기하고 싶은 마음을 이기고 끝까지 해낸 일이 있나요?

필사 문장

마지막 순간까지 포기하지 말자.
그들의 눈빛에는 큰 믿음과 끈기가 담겨 있었어요.
실패일지도 모르지만, 멈추지 않았어요.

부모님이 따라 써요

아이가 따라 써요

햄릿

사느냐 죽느냐, 그것이 문제로다. 참담한 운명의 화살을 참고 견딜 것인가, 밀물처럼 밀려드는 역경에 맞서 싸워 이길 것인가. 무엇이 더 고귀한 일이란 말인가.

—윌리엄 셰익스피어

《햄릿》은 영국의 극작가 셰익스피어가 쓴 유명한 희곡이에요. 이 문장은 햄릿이 깊은 고민 속에서 자신에게 던지는 질문이에요. 삶에서 마주치는 어려움을 꾹 참고 견디는 게 옳은지, 맞서 싸우는 게 옳은지 갈등하고 있죠. 우리도 살면서 비슷한 순간을 겪어요. 그럴 때는 어떤 선택이 나를 바르게 성장하게 하는 길인지 생각해 보아요.

- **역경:** 일이 순조롭지 않아 매우 어렵게 된 처지나 환경.
- **고귀하다:** 행동이나 생각이 훌륭하고 값지다.

🌱 아이와 나누는 질문

나는 힘든 일이 생기면 참고 견디는 편인가요, 문제에 맞서 싸우는 편인가요?

> 필사 문장

참담한 운명의 화살을 참고 견딜 것인가,
역경에 맞서 싸워 이길 것인가.
무엇이 더 고귀한 일이란 말인가.

부모님이 따라 써요

아이가 따라 써요

전쟁과 평화

그 사람은 바로 자신이 우러르던 나폴레옹이었다. 하지만 이 순간, 무한히 펼쳐진 하늘과 자신의 깊은 마음 사이에서 일어나는 일에 비하면 영웅은 너무도 별것 아닌 존재처럼 느껴졌다.

—레프 니콜라예비치 톨스토이

《전쟁과 평화》는 전쟁 속 사람들이 겪는 혼란과 성장을 담은 소설이에요. 주인공 안드레이는 전쟁터에서 큰 부상을 입고, 하늘을 바라보며 깨달아요. 삶에서 중요한 것은 명예나 권력이 아니라 마음의 평화라는 것을, 그리고 그 평화는 조용히 자신의 마음을 들여다볼 때 찾아온다는 것을요.

- **영웅:** 지혜와 지능이 뛰어나고 용맹하여 보통 사람이 하기 어려운 일을 해내는 사람.
- **별것:** 드물고 이상스러운 것. 특별한 것.

🌱 아이와 나누는 질문

어떤 사람이 진짜 '강한 사람'이라고 생각하나요?

필사 문장

> 무한히 펼쳐진 하늘과 자신의 깊은 마음 사이에서 일어나는 일에 비하면 영웅은 너무도 별것 아닌 존재처럼 느껴졌다.

부모님이 따라 써요

아이가 따라 써요

소공녀

무슨 일이 생겨도 이것만은 바뀌지 않아. 내가 누더기를 입고 있다 해도, 마음으로는 진짜 공주일 수 있어. 금빛 옷을 입고 있으면 공주처럼 행동하기가 쉽지. 하지만 아무도 모를 때에도 공주답게 사는 게 훨씬 더 멋진 승리야.

— 프랜시스 호지슨 버넷

《소공녀》는 공주처럼 풍요로운 삶을 살다가 하루아침에 모든 것을 잃게 된 소녀 사라의 이야기예요. 공주에서 하녀 신세가 되었지만, 사라는 품위와 자존감을 잃지 않고 언제나 주변 사람들에게 친절을 베풀었어요. 이 문장은 진짜 품위란 겉모습이 아니라 마음속에서 우러나온다는 것을 일깨워 줍니다.

- **누더기**: 헐고 기운 헌 옷.
- **품위**: 사람의 말이나 행동, 태도에서 드러나는 위엄이나 기품.

🌱 아이와 나누는 질문

힘든 상황 속에서도 지키고 싶은 내 모습은 무엇인가요?

> 필사 문장

아무도 모를 때에도 공주답게 사는 게 훨씬 더 멋진 승리야.

부모님이 따라 써요

아이가 따라 써요

Part 4
용기와 도전

잭과 콩나무

"잭, 거인은 아주 무서워. 거인에게 들키면 큰일이야."
"난 거인이 조금도 무섭지 않아. 꼭 성 안을 구경할 거야."
잭이 용감하게 대답했어요.

―영국 전래동화

<잭과 콩나무>는 용감하게 콩나무를 타고 올라가 거인의 성에서 신기한 모험을 하게 되는 잭의 이야기예요. 누군가는 두려워할 수도 있는 순간, 잭은 용기를 냈어요. 모험에는 위험이 따르지만, 잭은 빠르게 판단하고 행동하며 어려움을 이겨 냈지요. 용감한 마음과 지혜로운 판단이 모이면 우리도 삶에서 멋진 보물을 찾을 수 있어요.

- **판단 :** 사물이나 상황을 올바르게 살펴 생각하고, 어떤 결정을 내림.

🌱 아이와 나누는 질문

어려웠지만 용기 내서 도전해 본 일이 있나요?

필사 문장

"난 거인이 조금도 무섭지 않아.
꼭 성 안을 구경할 거야."
잭이 용감하게 대답했어요.

부모님이 따라 써요

아이가 따라 써요

로빈 후드

로빈 후드는 가난한 사람들에게 도움이 필요하거나 곤경에 처했을 때 언제든 도우며 빼앗긴 것들을 되찾아 주겠다고 맹세했다.

—영국 전래동화

《로빈 후드》는 부당한 권력에 맞서 정의를 실현하고 약자를 돕는 전설적인 인물 로빈 후드의 이야기입니다. 그의 행동은 단순한 도둑질이 아니라, 정의로운 신념을 실천한 것이었어요. 로빈 후드는 옳다고 생각하는 것을 말로만 하지 않고 실천하는 삶의 자세를 보여 줍니다.

- **곤경:** 어려운 형편이나 처지.

아이와 나누는 질문

주변에 어려움이 있는 사람을 떠올려 보세요.
어떤 도움을 줄 수 있을까요?

필사 문장

> 로빈 후드는 가난한 사람들에게 도움이 필요하거나 곤경에 처했을 때 언제든 도우며 빼앗긴 것들을 되찾아 주겠다고 맹세했다.

부모님이 따라 써요

아이가 따라 써요

꿀벌 마야의 모험

햇빛을 떠올리자 마야의 가슴은 기쁨과 긍지로 가득 찼어요. 그건 자신의 삶을 제힘으로 시작할 수 있다는 자부심이었죠. 짧은 여행이었지만 마야는 많은 것을 보고 겪었어요. 마야는 경험이란 인생에서 가장 소중한 재산이며 노력해서 얻을 가치가 있는 것이라고 생각했어요.

—발데마어 본젤스

호기심 많은 꿀벌 마야는 벌집을 벗어나 더 넓은 세상을 경험하고 싶었어요. 낯설고 두려운 순간도 있었지만, 마야는 모험을 통해 벌집 밖의 세상을 배우고 값진 경험을 쌓았지요. 이 문장은 마야가 자신의 경험을 소중히 여기고 자랑스러워하는 마음을 담고 있어요. 새로운 경험은 우리를 더 넓은 세상으로 이끌어 준답니다.

- **긍지:** 자신의 능력을 믿음으로써 가지는 당당함.
- **제힘:** 자신의 힘.
- **자부심:** 스스로 자신의 능력을 믿고 당당히 여기는 마음.

🌱 아이와 나누는 질문

요즘 새롭게 배우거나 경험해 보고 싶은 일은 무엇인가요?

> **필사 문장**
>
> 경험이란 인생에서 가장 소중한 재산이며 노력해서 얻을 가치가 있는 것이라고 생각했어요.

부모님이 따라 써요

아이가 따라 써요

파브르 곤충기

곤충들의 습성을 조사하는 일은 참 즐겁다. 누군가는 쓸데없이 그런 걸 조사해서 무엇에 쓰냐고 할지 모른다. 하지만 오늘 쓸모없다고 해서 내일도 쓸모없다고 할 수 있을까!
인간은 과거보다 현재를, 현재보다 미래를 더 낫게 만들려고 노력하기 때문에 발전한다.

—장 앙리 파브르

《파브르 곤충기》는 파브르가 곤충을 연구한 기록을 모아놓은 책이에요. 곤충을 연구하는 모습을 보고 쓸데없다고 말하는 사람도 많았어요. 그래도 파브르는 포기하지 않고 작은 생물 하나하나까지 끝없이 관찰하고 기록했죠. 이러한 파브르의 끈기와 용기가 결국 인류의 지식을 넓히는 데 크게 기여했어요. 때로는 남들이 가지 않는 길을 가는 용기와 도전 정신이 필요해요.

- **습성:** 습관이 되어 버린 성질.

🌱 아이와 나누는 질문

남들이 알아주지 않아도 끝까지 해내고 싶은 나만의 일이 있나요?

> **필사 문장**
>
> 인간은 과거보다 현재를, 현재보다 미래를 더 낫게 만들려고 노력하기 때문에 발전한다.

부모님이 따라 써요

아이가 따라 써요

엄마 찾아 삼만 리

"엄마, 저 마르코예요!"
엄마가 깜짝 놀라 뒤돌아보았고, 마르코는 달려가 안겼어요. 긴 여행, 끝없는 기다림, 낯선 나라에서의 외로움이 한순간에 눈물로 쏟아졌어요. 마르코는 속삭였어요.
"엄마를 다시 만날 수 있다면, 그 어떤 길도 다시 걸을 수 있어요."

— 에드몬도 데아미치스

《엄마 찾아 삼만 리》는 멀고 낯선 나라에서 엄마를 찾아 길을 떠난 소년 마르코의 이야기예요. 힘들고 지친 날들이 계속되지만, 마르코는 엄마를 향한 사랑을 잊지 않았고 그 마음 하나로 끝까지 걸어갔어요. 누군가를 향한 간절한 사랑은 우리를 아주 멀리까지 데려다줄 수 있어요.

- **간절하다:** 마음속에서 우러나와 바라는 정도가 매우 절실하다.

아이와 나누는 질문
누군가가 너무 보고 싶어서 간절히 기다려 본 적이 있나요?

필사 문장

> 엄마를 다시 만날 수 있다면,
> 그 어떤 길도 다시 걸을 수 있어요.

부모님이 따라 써요

아이가 따라 써요

보물섬

이제 바다로 가려고 한다. 뱃노래를 부르는 선원들과 함께 바다로 가려고 한다. 이름 모를 섬을 향해. 그리고 거기에 묻힌 보물들을 찾으러.

―로버트 루이스 스티븐슨

《보물섬》은 오래전 숨겨진 보물을 찾아 떠나는 사람들의 흥미로운 모험 이야기예요. 그들은 바다를 건너고 두려움을 이겨내며 조금씩 더 용감하고 지혜롭게 성장하지요. 때로는 도전 속에서 얻는 마음이 진짜 보물이 되기도 해요. 실패를 두려워하지 않고 도전하는 것, 그것이 우리 마음속에 숨은 보물을 찾아가는 첫걸음이에요.

- **선원:** 배에서 일하는 사람.

아이와 나누는 질문

내가 갖고 싶은 보물은 무엇인가요?
그 보물을 얻기 위해 나는 어떤 노력을 기울일 수 있나요?

필사 문장

> 이제 바다로 가려고 한다.
> 이름 모를 섬을 향해.
> 그리고 거기에 묻힌 보물들을 찾으러.

부모님이 따라 써요

아이가 따라 써요

로빈슨 크루소

눈에 보이는 위험보다 눈에 보이지 않는 두려움이 천만 배는 더 무서운 법이다. 우리가 걱정하는 재앙보다 그 일에 대한 불안이 훨씬 더 무거운 법이다.

—대니얼 디포

《로빈슨 크루소》는 부모 곁을 떠나 배를 타고 나갔다가 무인도에 가게 된 주인공 로빈슨의 이야기를 담고 있어요. 배를 타고 가면서 배가 좌초되기도 하고 무인도에서 큰 어려움을 당하기도 하죠. 로빈슨은 눈에 보이는 위험보다 내 마음의 두려움이 더 무겁고 크다고 말합니다.

- **재앙:** 뜻하지 않게 생긴 불행한 일.
- **좌초:** 배가 암초(숨겨진 바위)에 걸림.

🌱 아이와 나누는 질문

내 마음에서 나를 힘들게 하는 두려움은 무엇인가요?

필사 문장

> 눈에 보이는 위험보다
> 눈에 보이지 않는 두려움이
> 천만 배는 더 무서운 법이다.

부모님이 따라 써요

아이가 따라 써요

말괄량이 길들이기

저는 이제 싸우고 다투는 대신 서로를 이해하고 아껴 주는 게 더 낫다는 걸 알아요. 사랑은 서로를 낮추는 게 아니라 함께 웃고 손을 맞잡는 거예요. 고집을 꺾는 건 자존심을 버리는 게 아니라 마음을 여는 거고요. 저는 바뀌지 않았어요. 이제 진짜 제 모습을 보여 주기로 했을 뿐이죠.

―윌리엄 셰익스피어

《말괄량이 길들이기》는 자기 생각이 뚜렷하고 고집이 셌던 주인공이, 진심 어린 관계를 통해 마음을 열고 진짜 자신을 찾아가는 이야기를 담은 희곡이에요. 누군가와 잘 지낸다는 건 내 마음을 꾹꾹 숨기는 것이 아니라, 나를 이해해 주는 사람과 마음을 나누며 웃을 수 있다는 뜻이에요. 마음을 여는 건 지는 것이 아니에요. 오히려 진짜 나를 보여 줄 수 있는 용기 있는 선택이랍니다.

아이와 나누는 질문

사랑하는 사람을 위해 내 생각을 양보해 본 적이 있나요?

필사 문장

> 사랑은 서로를 낮추는 게 아니라
> 함께 웃고 손을 맞잡는 거예요.
> 고집을 꺾는 건 자존심을 버리는 게 아니라
> 마음을 여는 거고요.

부모님이 따라 써요

아이가 따라 써요

톰 소여의 모험

소년 시절에는 누구나 한 번쯤 어디론가 가서 숨겨진 보물을 파 보고 싶어 온몸이 근질거리는 욕망에 사로잡히기 마련이다. 바로 이 욕망이 어느 날 갑자기 톰을 들쑤셔 놓았다.

―마크 트웨인

《톰 소여의 모험》은 주인공 톰이 평범한 일상 속에서도 언제나 신나는 모험을 찾아 나서는 이야기입니다. 톰은 상상 속에서 해적이 되거나, 보물을 찾아 떠나는 모험을 즐기며 하루하루를 설렘으로 채워요. 이 문장은 누구나 한 번쯤 마음속에 품어 봤을 어린 시절의 호기심과 모험심을 떠올리게 합니다. 상상하고, 궁금해하는 용기는 우리 삶을 더 즐겁고 생생하게 만들어 준답니다.

- **욕망:** 마음속 깊이 간절히 바라는 생각이나 감정.

아이와 나누는 질문

톰 같은 모험을 꿈꾼 적이 있다면,
혹은 지금 꿈을 꾼다면 어떤 내용인가요?

필사 문장

소년 시절에는 누구나 한 번쯤 어디론가 가서 숨겨진 보물을 파 보고 싶어 온몸이 근질거리는 욕망에 사로잡히기 마련이다.

부모님이 따라 써요

아이가 따라 써요

노인과 바다

노인의 모든 것이 늙거나 낡아 있었다. 하지만 노인의 두 눈만은 그렇지 않았다. 바다와 똑같은 색깔의 파란 두 눈은 생기와 꺾이지 않는 의지로 빛나고 있었다.

―어니스트 밀러 헤밍웨이

《노인과 바다》는 바다에서 거대한 물고기와 대결하는 늙은 어부 산티아고의 이야기를 담은 작품이에요. 산티아고의 몸은 늙고 약해졌지만, 그의 눈빛은 여전히 푸르고 강인했어요. 노인의 모습을 통해 우리는 인간의 의지에 대해 배울 수 있어요. 진짜 강함은 눈에 보이는 힘이 아니라, 어떤 어려움 앞에서도 다시 일어서는 마음이랍니다.

- **의지:** 이루고자 하는 마음.

🌱 아이와 나누는 질문

'이건 절대 포기하지 않겠다'라고 마음먹은 일이 있었나요?

필사 문장

> 노인의 모든 것이 늙거나 낡아 있었다.
> 하지만 노인의 두 눈만은
> 생기와 꺾이지 않는 의지로 빛나고 있었다.

부모님이 따라 써요

아이가 따라 써요

백범일지

"네 소원이 무엇이냐?" 하고 하느님이 물으시면, 나는 서슴지 않고 "내 소원은 대한 독립이오." 하고 대답할 것이다. "그다음 소원은 무엇이냐?" 하면 나는 또 "우리나라의 독립이오." 할 것이요, "그다음 소원이 무엇이냐?" 하는 셋째 번 물음에도, 나는 더욱 소리를 높여서 "나의 소원은 우리나라 대한의 완전한 자주독립이오." 하고 대답할 것이다.

─김구

《백범일지》는 김구 선생님이 아들들에게 쓴 자신의 지난 기록이에요. '백범'은 김구 선생님의 호입니다. <나의 소원>이라는 제목의 이 글은 나라를 빼앗긴 시대를 살면서, 오직 조국의 독립만을 바란 김구 선생님의 간절한 마음을 담고 있어요. 우리가 누리는 자유와 평화는, 바로 이런 뜨거운 바람과 희생을 이어 준 이들 덕분이랍니다.

- **독립:** 한 나라가 정치적으로 완전한 주권을 행사함.
- **호:** 본명 외에 쓰는 이름.

🌱 아이와 나누는 질문

누군가 내 소원을 들어준다면, 나는 어떤 소원을 말할 건가요?

필사 문장

> 셋째 번 물음에도, 나는 더욱 소리 높여 "나의 소원은 우리나라 대한의 완전한 자주독립이오." 하고 대답할 것이다.

부모님이 따라 써요

아이가 따라 써요

돈키호테

자네가 농사꾼 출신이라고 말하는 것을 부끄러워하지 말게. 자네가 자신을 부끄러워하지 않는다면 어느 누구도 자네에게 창피를 주지 못한다네.

―미겔 데 세르반테스

《돈키호테》는 꿈을 찾아 끊임없이 도전하는 돈키호테와 산초의 흥미로운 모험을 담은 소설이에요. 모두가 비웃고 실패라 말해도, 돈키호테는 당당하게 앞으로 나아가지요. 이 문장은 돈키호테가 산초에게 전하는 말이에요. 어떤 모습이든 자기 자신을 존중하는 마음이 진정한 용기의 시작임을 기억해요.

- **농사꾼:** 농사짓는 일꾼.

아이와 나누는 질문

친구들이 내 단점을 놀릴 때,
어떻게 말하면 나를 지킬 수 있을까요?

필사 문장

> 자네가 자신을 부끄러워하지 않는다면
> 어느 누구도 자네에게 창피를 주지 못한다네.

부모님이 따라 써요

아이가 따라 써요

바람과 함께 사라지다

스칼렛은 주먹을 꼭 쥐고 하늘을 올려다보았어요. 배는 고팠지만 먹을 것은 없었어요.
"신이시여, 나는 굶주리지 않을 거예요. 절대로 다시는 굶지 않을 거예요. 어떻게든 살아남을 거예요. 그리고 다시는 이런 일을 당하지 않을 거예요!"

—마거릿 머널린 미첼

《바람과 함께 사라지다》는 전쟁과 가난 속에서도 꺾이지 않고 살아가려는 스칼렛의 이야기예요. 배가 고프고 힘든 상황에서도, 스칼렛은 포기하지 않고 이 위기를 극복하겠다고 다짐해요. 그 말은 마치 스스로에게 건네는 약속 같았어요. 눈물이 나올 만큼 어려운 상황에서도 앞으로 나아가려는 마음을 간직해 봅시다.

⬇ 아이와 나누는 질문

힘든 순간에 나 자신을 다독인 말은 무엇인가요?

> **필사 문장**
>
> 나는 어떻게든 살아남을 거예요.
> 그리고 다시는 이런 일을 당하지 않을 거예요!

부모님이 따라 써요

아이가 따라 써요

인형의 집

그동안 나는 잘 웃고, 말하고, 말을 잘 듣는 사람이었지만, 속마음은 아무도 몰랐지요. 나 자신으로서 살아가는 게 어떤 건지, 나는 한 번도 배워 본 적이 없어요. 그래서 이제 떠나요. 나를 찾기 위해, 진짜 나로 살기 위해.

―헨리크 입센

《인형의 집》은 다른 사람의 기대에 맞춰 살아오던 주인공 노라가, 자기 자신을 들여다보고 자신을 위한 삶을 선택하는 용기를 내게 되는 과정을 담은 이야기예요. 노라가 떠나는 모습은 가진 것을 버리는 것처럼 보이지만, 노라는 잃었던 자신을 찾기 위한 첫 걸음을 내디뎠던 것이랍니다.

- **기대:** 어떤 일이 원하는 대로 이루어지기를 바라면서 기다림.

아이와 나누는 질문

진짜 내 마음이랑 다르게 행동해야 할 때는 어떻게 하면 좋을까요?

필사 문장

> 나 자신으로서 살아가는 게 어떤 건지,
> 나는 한 번도 배워 본 적이 없어요.
> 그래서 이제 떠나요.
> 나를 찾기 위해, 진짜 나로 살기 위해.

부모님이 따라 써요

아이가 따라 써요

부활

그가 더 이상 자신이 아닌 타인을 믿게 된 이유는 스스로를 믿으며 살기가 너무 어려웠기 때문이다. 자신을 믿는다는 것은, 가벼운 즐거움을 추구하는 것이 아니라 끊임없는 물음에 답해야 하는 일이었다.

―레프 니콜라예비치 톨스토이

《부활》의 주인공 네플류도프 공작은 한 여인의 재판에 배심원으로 나갔다가, 그 여인이 과거에 자신의 잘못된 행동으로 힘든 삶을 살게 된 하녀임을 알게 됩니다. 주인공은 괴로운 마음에 그 여인이 시베리아로 유형을 가자 그녀를 따라가 도움을 주고자 했고, 성경을 통해 자기 영혼을 부활시킬 깨달음을 얻는다는 이야기예요. 자기를 믿는다는 것은 자기가 하고 싶은 대로 행동한다는 뜻이 아니라, 자기 생각과 행동에 책임을 지고, 자기 행동이 맞는지 끊임없이 물으며 사는 길을 말합니다. 그 길은 쉽지 않지만, 진정한 나를 만나게 해 줍니다.

- **배심원:** 일반 국민 가운데 선출되어 재판 과정에 참여하고 사실 인정에 대하여 판단을 내리는 사람.
- **유형:** 죄인을 귀양 보내던 형벌.

아이와 나누는 질문

자신을 믿고 살아가려면 나는 어떤 태도를 가져야 할까요?
나는 나를 어떤 눈으로 바라봐야 할까요?

필사 문장

> 자신을 믿는다는 것은
> 가벼운 즐거움을 추구하는 것이 아니라
> 끊임없는 물음에 답해야 하는 일이었다.

부모님이 따라 써요

아이가 따라 써요

도련님

나도 장난이라면 많이 쳐 본 사람이지만 누가 했냐고 물어봤을 때 나는 아니라고 거짓말한 적은 단 한 번도 없었다. 내가 한 일은 한 일이고, 안 한 일은 안 한 일이다.

―나쓰메 소세키

《도련님》은 마음이 곧고 정의로운 '도련님'이 시골 학교의 교사가 되어, 부조리한 현실과 위선적인 사람들에 맞서며 성장하는 이야기예요. 이 문장은 도련님의 정직한 성품을 잘 보여 주는 장면입니다. 솔직하게 말하려면 용기가 필요하지만, 그런 용기가 자신을 더욱 당당하게 만들어 줍니다.

- **부조리:** 이치에 맞지 않고 말이나 행동이 억지스럽고 불합리한 상태.
- **위선:** 겉으로는 착하거나 옳은 척하지만, 실제 마음은 그렇지 않은 태도나 행동.

아이와 나누는 질문

솔직하게 말하면 혼날까 무서웠던 적이 있나요?
그때의 나에게 뭐라고 말해 주고 싶나요?

필사 문장

> 내가 한 일은 한 일이고,
> 안 한 일은 안 한 일이다.

부모님이 따라 써요

아이가 따라 써요

제인 에어

나는 새가 아니니 어떤 그물도 나를 잡을 수 없어요.
나는 자유 의지를 지닌 자유로운 인간이에요.

― 샬럿 브론테

《제인 에어》는 한 여성이 사랑과 삶의 시련을 겪으며 자아를 찾아가는 성장 소설이에요. 이 문장은 제인이 한 인간으로서 자유 의지와 주체성을 당당하게 선언하는 장면입니다. 제인은 자신의 생각과 존엄을 지키려는 용기를 보여 주었어요. 우리는 자신의 의지에 따라 선택하고 행동할 수 있는 존재랍니다.

- **자유 의지:** 외적인 제약이나 구속을 받지 아니하고 어떤 목적을 스스로 세우고 실행할 수 있는 의지.
- **주체성:** 다른 사람의 영향을 받지 않고, 스스로 생각하고 판단하며 행동하려는 태도.

🌱 아이와 나누는 질문

누군가 나의 생각을 무시하거나 바꾸려고 할 때
어떻게 행동해야 할까요?

> **필사 문장**
>
> 나는 새가 아니니
> 어떤 그물도 나를 잡을 수 없어요.
> 나는 자유 의지를 지닌 자유로운 인간이에요.

부모님이 따라 써요

아이가 따라 써요

해저 2만 리

우리는 진짜 달팽이처럼 우리 껍데기에 익숙해졌다. 완전한 달팽이가 되기는 어렵지 않았다. 이제는 이런 생활이 익숙해져서 땅 위에 또 다른 삶이 있다는 것이 믿기지 않을 정도였다.

―쥘베른

《해저 2만 리》는 잠수함 노틸러스호를 타고 바닷속을 탐험하는 모험 소설이에요. 잠수함 안의 사람들은 세상과 단절된 채 자신들만의 세계에 익숙해져서, 새로운 것을 배우려는 도전 정신을 잃게 됩니다. 달팽이처럼 껍데기 안에만 머무르면 안전하긴 하지만, 진짜 성장은 껍데기 밖 세상을 향해 나아가는 한 걸음에서 시작된답니다.

- **해저:** 바다의 밑바닥.

아이와 나누는 질문

새로운 일을 도전하면서 두렵다는 생각이 든 적이 있나요? 그럼에도 계속 도전한 이유는 무엇인가요?

> **필사 문장**
>
> 우리는 진짜 달팽이처럼
> 우리 껍데기에 익숙해졌다.
> 완전한 달팽이가 되기는 어렵지 않았다.

부모님이 따라 써요

아이가 따라 써요

Part 5
지혜와 배움

셜록 홈스의 모험

자기 일을 하는 데 필요한 지식을 모두 배워서 자기 것으로 만들기는 불가능하지 않아.
나는 그렇게 하려고 노력해 왔어.

— 아서 코넌 도일

《셜록 홈스의 모험》에는 사소한 단서도 놓치지 않는 관찰력과 뛰어난 추리력으로 사건을 해결하는 탐정 셜록 홈스의 활약이 담겨 있어요. 그는 타고난 천재가 아니라, 스스로 배우고 익히며 지식을 자신의 것으로 만든 사람이었죠. 누구든 끈기 있게 배우고 익히다 보면 결국 자신만의 뛰어난 능력을 키울 수 있어요.

- **추리력:** 보이는 단서들을 바탕으로 숨겨진 사실을 생각해 내는 능력.

아이와 나누는 질문

원하는 일을 이루기 위해 얼마만큼 최선을 다해 봤나요?
내가 최선을 다해 노력했던 경험을 떠올려 보아요.

필사 문장

> 자기 일을 하는 데 필요한 지식을 모두 배워서 자기 것으로 만들기는 불가능하지 않아.
> 나는 그렇게 하려고 노력해 왔어.

부모님이 따라 써요

아이가 따라 써요

오즈의 마법사

너는 두뇌가 필요하지 않아. 매일 뭔가를 깨닫잖아. 갓난아기는 뇌가 있어도 아는 건 거의 없지. 지식은 경험을 통해서 얻어지는 거니까. 세상을 오래 살다 보면 그만큼 더 많은 경험을 하게 될 거야.

—라이먼 프랭크 바움

《오즈의 마법사》는 겁쟁이 사자, 심장이 없는 양철 나무꾼, 그리고 뇌가 없는 허수아비가 함께 여행하며 자기 안의 용기와 마음, 지혜를 발견하는 이야기예요. 이 문장은 자신에게 두뇌가 없다며 속상해하는 허수아비에게 오즈가 건네는 말입니다. 지혜는 삶을 살아가며 얻는 경험에서 자란다고 말하죠. 우리도 매일 다양한 경험을 하며 조금씩 느끼고 배우며 자란답니다.

- **지식:** 배우거나 실천을 통해 알게 된 내용이나 정보.
- **경험:** 어떤 일을 직접 겪으며 배우는 것.

⬇ 아이와 나누는 질문

요즘 새롭게 깨달은 사실이 있나요?

필사 문장

지식은 경험을 통해서 얻어져.
세상을 오래 살다 보면
그만큼 더 많은 경험을 하게 될 거야.

부모님이 따라 써요

아이가 따라 써요

채근담

자신을 돌아보면 도리에 맞는 것도 있고, 맞지 않는 것도 있다. 나 자신도 그런데 어찌 남들이 다 도리에 맞기를 바라겠는가?
이와 같이 남과 나를 비교해 나를 다스린다면 이 또한 세상을 살아가는 좋은 방법이 될 것이다.

―홍자성

《채근담》은 풀뿌리를 씹는다는 뜻으로, 인생의 쓰고 힘든 경험 속에서 얻은 지혜를 담은 책이에요. 이 문장은 남의 잘못을 탓하기 전에 자기 자신을 먼저 돌아보라고 말해요. 자신과 남을 함께 돌아보는 태도는 더 나은 사람이 되기 위한 첫걸음이에요. 다른 사람의 실수를 통해 나를 돌아보는 우리가 되어 봅시다.

- **도리:** 사람으로서 마땅히 행해야 할 바른길.

🌱 아이와 나누는 질문

다른 사람의 실수를 이해하려고 노력했던 적이 있나요?

> **필사 문장**
>
> 남과 나를 비교해 나를 다스린다면
> 이 또한 세상을 살아가는 좋은 방법이 될 것이다.

부모님이 따라 써요

아이가 따라 써요

논어

아는 것은 좋아하는 것만 못하고,
좋아하는 것은 즐기는 것만 못하다.
知之者 不如好之者(지지자 불여호지자)
好之者 不如樂之者(호지자 불여락지자)

―공자

《논어》는 공자의 가르침을 모아 제자들이 엮은 책이에요. 이 문장에서 공자는 진정한 배움은 지식을 많이 아는 데서 끝나지 않고, 그 과정을 좋아하고 즐기는 마음을 통해 이룰 수 있다고 말해요. 억지로 하는 공부보다는 스스로 즐기며 하는 공부가 훨씬 깊이 있고 오래 기억되는 법이지요.

- **즐기다:** 즐겁게 누리거나 맛보다.

🌱 아이와 나누는 질문

무언가를 배우면서 재미있다고 느낀 적이 있나요?

필사 문장

> 아는 것은 좋아하는 것만 못하고,
> 좋아하는 것은 즐기는 것만 못하다.

부모님이 따라 써요

아이가 따라 써요

구운몽

나는 높은 자리에 오르고 많은 부귀영화를 누렸지만, 그것들이 모두 꿈이었음을 깨닫고 마음이 조용해졌다. 원하던 모든 것이 사라졌지만, 그제야 내가 누구인지 알게 되었다. 진짜 소중한 건 눈앞의 것이 아니라 흔들리지 않는 마음이었다.

―김만중

《구운몽》은 모든 것을 가졌던 한 사람이 그것이 모두 꿈이었다는 사실을 깨닫고 비로소 진짜 자신을 마주한다는 이야기예요. 화려한 삶 속에 있을 때는 미처 보지 못했던 것들이, 꿈에서 깨어난 뒤에야 선명하게 보였지요. 겉으로 보이는 성공보다 더 중요한 건, 내 마음이 어디로 향하는지 아는 것이에요.

- **부귀영화:** 재산이 많고 지위가 높으며 귀하게 되어서 세상에 드러나 온갖 영광을 누림.

아이와 나누는 질문

겉으로 드러나는 성공보다 더 소중하다고 생각하는 것은 무엇인가요?

필사 문장

"진짜 소중한 건 눈앞의 것이 아니라 흔들리지 않는 마음이었다."

부모님이 따라 써요

아이가 따라 써요

왕자와 거지

많은 시종의 시중을 받다 보면 몸과 영혼이 망가지게 돼요. 제손으로는 아무것도 못하는 인형처럼 되어 버려요.

―마크 트웨인

《왕자와 거지》는 우연히 신분이 바뀐 두 소년의 삶을 통해, 인간의 본질과 진정한 삶의 가치에 대해 생각하게 하는 작품이에요. 이 문장은 왕자가 된 거지 소년 톰이 모든 것을 대신해 주는 환경이 얼마나 사람을 무기력하게 만드는지에 대해 언급하는 장면이에요. 누군가가 다 해 주는 삶은 편할 수 있지만, 스스로 생각하고 행동하는 능력을 잃게 만들지요.

- **시중:** 옆에 있으면서 여러 가지 심부름을 하는 일.

아이와 나누는 질문

혼자 해내서 더 뿌듯했던 일이 있나요?

필사 문장

> 많은 시종의 시중을 받다 보면
> 몸과 영혼이 망가지게 돼요.
> 제손으로는 아무것도 못하는
> 인형처럼 되어 버려요.

부모님이 따라 써요

아이가 따라 써요

삼국지연의

너희 형제는 힘쓰고 또 힘쓰라. 비록 작은 일이라도 악한 일은 행하지 말고, 아무리 작은 일이라도 착한 일은 힘써 행하라. 오직 마음이 어질고 덕이 있어야 사람들이 너희를 믿고 따를 것이다.

―나관중

《삼국지연의》는 중국의 위, 촉, 오나라까지 삼국의 역사를 바탕으로 쓴 소설이에요. 줄여서 《삼국지》라고도 해요. 이 글은 촉나라의 1대 왕이었던 유비가 세상을 떠나기 전, 자녀들에게 남긴 가르침이에요. 언제나 바르게 살아가기를 당부하는 아버지의 깊은 뜻이 담겨 있지요. 착한 마음과 바른 행동은 우리를 빛나게 하는 소중한 덕목이에요.

- **어질다:** 마음이 너그럽고 착하여 슬기롭고 덕이 높다.
- **덕:** 공정하고 남을 넓게 이해하고 받아들이는 마음이나 행동.

아이와 나누는 질문

만약 지금 우리가 영영 헤어진다면, 부모님은 아이에게, 아이는 부모님에게 어떤 말을 남기고 싶나요?

필사 문장

비록 작은 일이라도
악한 일은 행하지 말고,
아무리 작은 일이라도
착한 일은 힘써 행하라.

부모님이 따라 써요

아이가 따라 써요

열하일기

처음에는 그 나라 사람들이 낯설게 느껴졌어. 하지만 그들 안에도 따뜻함이 있고, 배울 점도 많더군. 먼 길을 걸어와 보니 나 자신이 얼마나 좁은 생각 속에 갇혀 있었는지 알게 되었어. 그래서 이 여행은 밖으로 나간 길이 아니라, 내 안으로 들어온 길이었어.

―박지원

《열하일기》는 조선의 학자 박지원이 청나라 여행을 다녀와 쓴 책이에요. 처음에는 모든 것이 낯설었지만, 시간이 흐르자 그 속에서 따뜻한 마음과 새로움을 발견했어요. 여행은 그저 먼 곳을 다녀오는 것이 아니라, 새로운 것을 보고 듣고 느끼며 마음속 작은 문 하나를 여는 경험이랍니다.

- **청나라:** 중국의 마지막 왕조(1616~1912).

아이와 나누는 질문

처음에는 낯설었지만 점차 좋아지거나 친해진 문화나 경험이 있나요?

필사 문장

> 먼 길을 걸어와 보니 나 자신이 얼마나 좁은 생각 속에 갇혀 있었는지 알게 되었어. 그래서 이 여행은 밖으로 나간 길이 아니라, 내 안으로 들어온 길이었어.

부모님이 따라 써요

아이가 따라 써요

목걸이

그 목걸이를 잃어버리지 않았다면 어떻게 되었을까? 누가 알 수 있으랴! 인생이란 참으로 기묘하고도 변하기 쉽구나! 사소한 일이 파멸을 가져오기도 하고 구원을 베풀기도 하지!

―기 드 모파상

〈목걸이〉는 마틸드가 친구에게 빌린 다이아몬드 목걸이를 잃어버리면서 시작되는 이야기예요. 그 작은 사건 하나가 그녀의 인생 전체를 바꿔 놓았죠. 값비싼 목걸이를 갚기 위해 그녀는 10년 동안 고된 노동을 하며 힘든 삶을 살아야 했어요. 때로는 아주 작은 선택이 우리 인생의 방향을 바꾸어 놓는답니다.

- **기묘하다:** 신기하고 이상하다.

🌱 아이와 나누는 질문
지금까지 살면서 큰 영향을 주었던 선택 또는 일은 무엇인가요?

필사 문장

> 인생이란 참으로 기묘하고도 변하기 쉽구나!
> 사소한 일이 파멸을 가져오기도 하고
> 구원을 베풀기도 하지!

부모님이 따라 써요

아이가 따라 써요

격몽요결

책을 읽을 때는 반드시 한 가지 책을 제대로 익혀, 그 뜻을 완전히 이해하고 의문이 없어진 다음에 다른 책을 읽어야 한다. 여러 책을 한꺼번에 읽으며 많이 얻으려 욕심내어 부산하게 읽어서는 안 된다.

―율곡 이이

《격몽요결》은 조선의 학자 이이가 쓴 어린이를 위한 학습서예요. '율곡'은 이이의 호입니다. 이 문장은 공부하는 자세에 대해 이야기해요. 단순히 많은 책을 읽는 것보다, 한 권의 책을 깊게 읽고 제대로 이해하는 것이 더 중요하다는 뜻입니다. 한 권의 책과 오래 대화하는 태도가 진정한 배움을 가져온답니다.

- **의문:** 의심스럽게 생각함. 또는 그런 문제나 사실.
- **부산하다:** 급하게 서두르거나 시끄럽게 떠들어 어수선하다.

아이와 나누는 질문

가장 깊이 있게 읽은 책이나 깊이 있게 읽고 싶은 책은 무엇인가요?

필사 문장

> 책을 읽을 때는 반드시 한 가지 책을 제대로 익혀, 그 뜻을 완전히 이해하고 의문이 없어진 다음에 다른 책을 읽어야 한다.

부모님이 따라 써요

아이가 따라 써요

호질

호랑이는 먹기 위해 남에게 머리를 숙이거나 비굴해지지 않는다. 인간은 호랑이가 노루나 사슴을 잡아먹을 때는 가만히 있다가, 말이나 소를 잡아먹으면 호랑이를 원수처럼 생각한다. 그 이유는 소나 말이 인간들에게 쓸모가 있어서겠지.

―박지원

'호질'은 호랑이 호(虎), 꾸짖을 질(叱)을 써서 호랑이가 꾸짖는다는 뜻이에요. <호질>은 《열하일기》에 나오는 짧은 소설로, 조선의 학자 박지원이 호랑이를 통해 인간의 위선적인 모습을 꾸짖는 내용을 담고 있어요. 호랑이가 무서워 고개를 숙이던 인간은 호랑이가 사라지자 다시 이중성을 나타내요. 호랑이는 이러한 인간의 이중성, 탐욕, 아첨 등을 지적하죠. 마음이 올곧고 도덕적으로 바르게 행동하라는 메시지를 전합니다.

- **탐욕:** 지나치게 탐하는 욕심.
- **아첨:** 남에게 잘 보이려고 하는 말이나 행동.

아이와 나누는 질문

사람은 이기적이고 이중적으로 행동할 때가 있어요. 도덕적으로 행동하려면 어떤 마음가짐이 필요할까요?

> **필사 문장**
>
> 호랑이는 먹기 위해
> 남에게 머리를 숙이거나 비굴해지지 않는다.

부모님이 따라 써요

아이가 따라 써요

명심보감

어릴 때 배우지 않으면, 나이 들어 아는 것이 없고
봄에 밭을 갈지 않으면, 가을에 거둘 것이 없으며
새벽에 일어나지 않으면, 하루 동안 이룰 것이 없다.
幼而不學 老無所知(유이불학 노무소지)
春若不耕 秋無所望(춘약불경 추무소망)
寅若不起 日無所辦(인약불기 일무소판)

'마음을 밝혀주는 보배로운 거울'을 뜻하는 《명심보감》은 바른 삶의 길을 가르쳐 주기 위해 여러 고전에서 가져온 문장을 추려내 엮은 책이에요. 이 구절은 배움과 일에는 때가 있고, 그 시기를 놓치면 원하는 결과를 얻기 어렵다는 사실을 알려 주지요. 오늘 배운 것이 내일의 힘이 되고, 지금 흘린 땀방울이 언젠가 열매를 맺는다는 것을 기억해요.

- **거두다:** ① 좋은 결과나 성과 따위를 얻다.
  ② 곡식이나 열매 따위를 따서 담거나 한데 모으다.

아이와 나누는 질문
오늘 배운 것, 한 일 중에 가장 기억에 남는 것은 무엇인가요?

필사 문장

> 어릴 때 배우지 않으면, 나이 들어 아는 것이 없다.

부모님이 따라 써요

아이가 따라 써요

로미오와 줄리엣

그렇게 갑작스러운 기쁨은 갑작스러운 끝을 맺는 법이야. 불과 화약이 서로 닿는 순간 폭발하는 것처럼 절정의 순간에 사라져 버리지. 아무리 달콤한 꿀이라도 너무 많이 먹으면 다시는 먹고 싶지 않게 돼. 사랑도 적당해야 오래가는 법이란다. 너무 빠른 건 너무 느린 것만 못해.

— 윌리엄 셰익스피어

《로미오와 줄리엣》은 원수 사이인 두 가문의 자녀 로미오와 줄리엣의 비극적인 사랑을 다룬 희곡이에요. 이 문장은 로미오와 줄리엣이 결혼을 서두르려 할 때, 로렌스 신부가 로미오에게 전하는 충고입니다. 셰익스피어는 사랑이나 기쁨처럼 좋은 감정도 적당한 속도로 나아갈 때 더 오래 남는다는 인생의 지혜를 전해요. 우리 삶에서도 감정의 속도를 조절하고 균형을 지키는 지혜가 필요하답니다.

- **절정**: 어떤 일이나 감정이 가장 강하거나 높은 상태.

아이와 나누는 질문
마음이 너무 앞서서 실수했던 적이 있나요?

> **필사 문장**
>
> 사랑도 적당해야 오래가는 법이란다.
> 너무 빠른 건 너무 느린 것만 못해.

부모님이 따라 써요

아이가 따라 써요

1984년

"자유란, 2 더하기 2는 4라고 말할 수 있는 거야."
아무도 고개를 끄덕이지 않았고, 아무도 대답하지 않았어요.
"틀린 것을 틀렸다고 말할 수 없다면, 우리는 자유롭지 않아." 그 말은 아주 작고 조용했지만, 윈스턴의 마음속에서는 큰 울림이 있었어요.

―조지 오웰

《1984년》은 조지 오웰이 집필한 1949년 기준으로 먼 미래인 1984년에 가상의 독재국가에서 주인공 윈스턴 스미스가 겪는 이야기를 담은 소설이에요. 모두가 똑같은 생각만 하도록 강요받는 세상에서 한 사람이 주체적으로 생각하고, 진실을 지키려 애쓰죠. 진실을 지키려는 마음은 세상을 바꾸는 첫 번째 씨앗이 될 수 있어요.

- **강요하다:** 억지로 또는 강제로 요구하다.

아이와 나누는 질문

다들 똑같이 말할 때, 나는 다른 생각을 가져 본 적이 있나요? 나의 다른 의견을 어떻게 하면 잘 표현할 수 있을까요?

필사 문장

> 자유란, 2 더하기 2는 4라고 말할 수 있는 거야.
> 틀린 것을 틀렸다고 말할 수 없다면,
> 우리는 자유롭지 않아.

부모님이 따라 써요

아이가 따라 써요

오디세이

들려주소서, 무사 여신이여! 신성한 도시 트로이를 정복하고 여러 나라를 떠돌아다녔던, 계책 많은 그 사람의 이야기를. 그는 많은 도시를 보며 그들의 마음을 알았고, 바다에서는 자기 목숨을 구하고 동료들을 귀향시키려다 온갖 시련을 겪었노라.

— 호메로스

기원전 8세기경 고대 그리스의 시인 호메로스가 쓴 《오디세이》는 트로이 전쟁 후, 지혜로운 영웅 오디세우스가 고향으로 돌아가기까지 겪는 10년간의 모험을 쓴 장편시예요. 오디세우스는 사나운 폭풍우, 식인 괴물, 신들의 함정 등을 만나지만 용기 있게 맞서요. 그의 여정은 불확실한 삶 앞에서 용기와 지혜를 잃지 말아야 한다는 삶의 자세를 가르쳐 줍니다.

- **계책:** 어떤 일을 이루기 위하여 꾀나 방법을 생각해 냄. 또는 그 꾀나 방법.

아이와 나누는 질문
오디세우스처럼 어려운 위기를 지혜롭게 풀어 낸 적이 있나요?

필사 문장

> 그는 많은 도시를 보며 그들의 마음을 알았고,
> 바다에서는 자기 목숨을 구하고
> 동료들을 귀향시키려다 온갖 시련을 겪었노라.

부모님이 따라 써요

아이가 따라 써요

월든

사랑보다, 돈보다, 명예보다, 나에게 진실을 주세요.
―헨리 데이비드 소로

《월든》은 헨리 데이비드 소로가 숲속에서 자급자족하는 삶을 살면서 쓴 책으로, 인간의 본질에 대해 생각하게 해요. 소로는 사회적 성공이나 겉모습보다 진실한 삶과 정직함의 가치를 더 중요하게 여겼어요. 이 문장은 겉으로 보이는 화려함보다 내면의 진실을 추구하자는 깊은 메시지를 전한답니다.

- **명예:** 세상에서 인정받은 좋은 평가나 이름.

아이와 나누는 질문

사람들이 중요하다고 말하는 것과
내가 중요하다고 여기는 것은 다를 수 있어요.
나는 어떤 가치를 가장 소중하게 여기나요?

> **필사 문장**
>
> 사랑보다, 돈보다, 명예보다,
> 나에게 진실을 주세요.

부모님이 따라 써요

아이가 따라 써요

괴테 동화

노인은 청년과 백합꽃 아가씨에게 세상을 지배하는 비밀 세 가지에 대해 이야기해요. 그 세 가지는 지혜, 외모, 권력이라고요.
그러자 청년은 노인에게 한 가지를 더 말합니다. 세상을 지배하는 네 번째 비밀은 바로 사랑이라고요.

─요한 볼프강 폰 괴테

독일을 대표하는 작가 괴테가 쓴 예술 동화로, 작품 이름이 《동화》랍니다. 도깨비불, 초록뱀, 백합꽃 아가씨, 뱃사공 등의 주인공들이 각자의 어려움을 가졌지만, 그 어려움을 이겨내고 결국 행복에 이르는 내용이에요. 동화의 마지막 부분에 세상에서 가장 큰 비밀인 사랑은 만들어 가는 것이며, 가장 위대한 일이라고 말합니다.

- **권력:** 남을 복종시키거나 지배할 수 있는 공인된 권리와 힘.

아이와 나누는 질문

세상을 이기는 비밀로 지혜, 외모. 권력, 사랑 외에 또 무엇이 있을까요?

> **필사 문장**
>
> 세상을 지배하는 네 번째 비밀은 바로 사랑이라고요.

부모님이 따라 써요

아이가 따라 써요

오만과 편견

허영과 오만은 종종 같은 의미로 쓰이지만 서로 달라. 오만은 우리가 스스로를 어떻게 생각하느냐의 문제이고, 허영은 다른 사람들이 나를 어떻게 생각해 주기를 바라느냐의 문제거든.

—제인 오스틴

《오만과 편견》은 시골의 지주 베네트 가문의 딸 제인과 엘리자베스가 진정한 사랑을 만나게 되는 과정을 담은 장편 소설이에요. 이 문장은 '오만'과 '허영'이라는 비슷해 보이는 감정의 차이를 알려 줍니다. 사람은 누구나 자신이 가진 능력이나 장점에 대해 자부심을 느낄 수 있어요. 그런데 그 마음이 지나치면 '오만'이 되고, 다른 사람에게 잘 보이고 싶은 마음이 커지면 '허영'이 되지요. 마음의 중심을 잘 잡고, 허영이나 오만이 아닌 건강한 자부심을 키워 보세요.

🌱 아이와 나누는 질문

최근 자부심을 느꼈던 순간은 언제인가요?

필사 문장

> 오만은 우리가 스스로를
> 어떻게 생각하느냐의 문제이고,
> 허영은 다른 사람들이 나를
> 어떻게 생각해 주기를 바라느냐의 문제거든.

부모님이 따라 써요

아이가 따라 써요

소크라테스의 변명

이제는 떠날 시간입니다. 나는 죽음을 향해 떠나고, 여러분은 살기 위해 떠날 것입니다. 그러나 우리 중 어느 쪽이 더 나은 곳을 향해 가고 있는지는 오직 신만이 알고 계십니다.

―플라톤

《소크라테스의 변명》은 소크라테스가 본인의 재판에서 했던 변론을 그의 제자 플라톤이 기록한 책입니다. 고대 그리스의 철학자 소크라테스는 억울한 재판으로 죽음을 당하게 되었지만, 담담하게 자신의 운명을 받아들였지요. 우리도 살다 보면 무섭고 눈앞이 깜깜한 일이 닥칠 수 있어요. 그럴 때는 소크라테스처럼 차분하게 생각하며 '어떤 뜻이 있겠지'라고 용기 내어 받아들이는 마음을 가져 봅시다.

- **변명:** 어떤 잘못이나 실수에 대하여 구실을 대며 그 까닭을 말함.
- **변론:** ① 사리를 밝혀 옳고 그름을 따짐.
  ② 소송 당사자가 법정에서 주장하거나 진술함.

🌱 아이와 나누는 질문

큰일이 닥치거나 머릿속이 복잡할 때
어떤 말로 내 마음을 다독이면 좋을까요?

> **필사 문장**
>
> 우리 중 어느 쪽이
> 더 나은 곳을 향해 가고 있는지는
> 오직 신만이 알고 계십니다.

부모님이 따라 써요

아이가 따라 써요

잠언

너희가 은을 받지 말고 나의 훈계를 받으며 정금보다 지식을 얻으라.
대저 지혜는 진주보다 나으므로 원하는 모든 것을 이에 비교할 수 없음이니라.

<잠언>은 지혜의 왕 솔로몬과 몇몇 사람들이 쓴 책으로, 세상을 살아가는 이들에게 주는 참된 지혜를 담고 있어요. 이 문장은 세상은 금은보화가 귀하다고 여기지만, 참된 지혜를 따르는 것이 가장 귀하다고 말해요. 돈과 명예보다 지혜를 따라가는 삶을 살길 바라요.

- **훈계:** 타일러서 잘못이 없도록 주의를 줌.
- **정금:** 다른 금속이 섞이지 아니한 순수한 금.

🌱 아이와 나누는 질문

부모님의 훈계는 듣기 어려울 때가 많죠. 그래도 부모님의 말씀에서 큰 깨달음을 얻었던 순간은 언제인가요?

> **필사 문장**
>
> 지혜는 진주보다 나으므로
> 원하는 모든 것을 이에 비교할 수 없음이니라.

부모님이 따라 써요

아이가 따라 써요

하루 10분 명작 필사

1판 1쇄 · 2025년 10월 20일 발행

지은이 · 김효정, 윤수영, 김미나, 박민선, 박은선, 홍은채
펴낸이 · 김정주
펴낸곳 · ㈜대성 Korea.com
본부장 · 이향숙
기획편집 · 김현경
디자인 · 문 용
본문일러스트 · 윤수영
영업마케팅 · 조남웅
경영지원 · 공유정, 박혜성

등록 · 제300-2003-82호
주소 · 서울시 용산구 후암로 57길 57 (동자동) ㈜대성
대표전화 · (02) 6959-3140 | **팩스** · (02) 6959-3144
홈페이지 · www.daesungbook.com | **전자우편** · daesungbooks@korea.com

ⓒ 김효정, 윤수영, 김미나, 박민선, 박은선, 홍은채, 2025
ISBN 979-11-90488-62-4 (03590)
이 책의 가격은 뒤표지에 있습니다.

Korea.com은 ㈜대성에서 펴내는 종합출판브랜드입니다.
잘못 만들어진 책은 구입하신 곳에서 바꾸어 드립니다.